杨骞 ◎ 著

THE SOUND OF BUSINESS WISDOM

商业智慧的声音

杨骞·四川大学讲座集锦

 四川大学出版社

责任编辑：孙滨蓉
责任校对：胡晓燕
封面设计：璞信文化
责任印制：王　炜

图书在版编目(CIP)数据

商业智慧的声音 / 杨骞著. —成都：四川大学出
版社，2018.7
ISBN 978-7-5690-2151-6

Ⅰ. ①商… Ⅱ. ①杨… Ⅲ. ①经济学－文集
Ⅳ. ①F0-53

中国版本图书馆 CIP 数据核字（2018）第 171038 号

书名　商业智慧的声音
SHANGYE ZHIHUI DE SHENGYIN

著　　者　杨　骞
出　　版　四川大学出版社
地　　址　成都市一环路南一段 24 号 (610065)
发　　行　四川大学出版社
书　　号　ISBN 978-7-5690-2151-6
印　　刷　四川盛图彩色印刷有限公司
成品尺寸　155 mm×225 mm
印　　张　15
字　　数　179 千字
版　　次　2018 年 9 月第 1 版
印　　次　2018 年 9 月第 1 次印刷
定　　价　136.00 元

◆读者邮购本书，请与本社发行科联系。
　电话：(028)85408408/(028)85401670/
　(028)85408023　邮政编码：610065
◆本社图书如有印装质量问题，请
　寄回出版社调换。
◆网址：http://press.scu.edu.cn

古往今来，人类用理想和智慧，持续开创以盈利为目的、有组织地向社会提供产品和服务的伟大事业——商业。随着时代变迁，商业形态异彩纷呈，利义相兼却不乏罅隙，但商业历史长河奔腾不息，激浊扬清，泽天地，育万物，为人类美好生活之向往，系社会文明演进之力量。

——杨骞

杨 骞

2016年9月摄于成都宏达国际广场

作者简介

　　杨骞，1955年11月出生于四川省岳池县，现担任大型民企集团董事局副主席、总裁。

　　杨骞理论知识深厚，系统学习过中文、历史、哲学、法律、工业经济和工商管理，获法国巴黎商学院（HEC）高级工商管理硕士学位。

　　杨骞实践经验丰富，先后担任过县级经济改革部门主任，外经贸部门主任和外经贸公司董事长，市级外经贸部门副主任和外经贸公司董事长，省级外经贸部门处长和外经贸公司总经理，国有企业控股A股主板上市公司总裁，民营企业控股A股主板上市公司总裁和董事长，分别获得过省级杰出企业家、中国优秀企业家及全国行业劳动模范称誉。

　　杨骞社会阅历广泛，先后在北京、重庆、深圳、海南和成都学习、工作和生活，下乡当过知青，担任过县级中学语文教师、党校哲学教师及宣传部理论教员，省级政协委员和商会副会长，访问过许多国家和地区，在国家级和省级刊物发表多篇文章，获得过国家级管理学论文一等奖。现兼任四川大学客座教授、四川大学上市公司发展与

竞力研究所高级研究员、四川大学商学院MBA、EMBA企业导师。

杨骞长期担任企业特别是A股主板上市公司主要高级管理人员，广泛涉足工业、矿山、地产、旅游、贸易、银行、信托、证券、期货、基金和投资等行业的管理，积累了丰富的成功经验，吸取了不少的失败教训，参与或主导了多个具有一定影响力的企业治理、投资、融资、并购、重组等商业案例。

杨骞坚持学习和研究企业管理，用系统的管理知识和严谨的治学精神，从理论与实践相结合的视角，剖析经济现象和发展趋势，发掘企业管理的新认识和新方法，推敲于人，施之以学，授之以渔，在企业和管理学界具有积极影响。

序 言

　　中国商业文明发展到21世纪的今天，现代企业制度建设蹄急步稳。党中央关于经济由高速增长转向高质量发展的重要论断和所提出的明确要求，对新时代企业的战略制定、微观决策、发展模式也具有很强的指导性。中国企业联合会、中国企业家协会课题组在全国千户企业管理调查研究报告《跨入21世纪的中国企业管理：现状、问题与建议》中，评价了当前中国企业管理取得的历史性成就，认为相当一批企业已经初步建立了适应市场经济的现代企业制度和经营机制，多数企业基础管理工作得到加强，重视管理及其创新，总体管理水平不断提高，企业经营效益明显改善。

　　世界经济一体化、中国经济步入新常态、全面实施供给侧改革、金融与实体经济和谐共进、资本市场对上市公司的规范管理要求等诸多外部因素，促成了今日中国企业的进步与发展。初步建立现代企业制度、完善的法人治理结构、权益管理理念下企业自上而下的决策动能、资本运作与企业成长、商业模式创新与竞争力提升、人力资本的要素属性、互联网+下的产业升级等现实管理问题，已经成为当前我国企业发展的突破点着力点。同时，更涌现出像华为、美的、格力、联想、海尔、BATJ等一大批具有代表性的中国企业。在国家西部大开发战略的重大机遇下，天府四川也成长出像新希望、通威、宏达、红旗连锁等一大批知名企业。

手捧宏达集团董事局副主席杨骞总裁的这份手稿，中国三十多年现代商业的发展史、四川民营企业三十多年的成长史，犹如白驹过隙历历在目。《商业智慧的声音》是杨骞总裁近十年来在四川大学担任客座教授期间，为川大学子开设的十余场公开讲座而整理成册的心血之作、智慧原声。讲座主题涉及宏观经济、民营经济发展、资本市场、企业战略与转型、集团公司管控与治理、领导力与团队建设、企业文化与执行力、职业经理人成长、国际商务谈判等一系列生动的管理问题和鲜活的管理实践，既全面展示了他在商业职场30余年的积淀，也充分展现了作为大型民营企业集团操盘手所具备的能力与素养，更处处彰显他的商业智慧和管理创新。作为商学院主管MBA和EMBA的时任院长，我理当是其讲座的听众，也自然地受到许多启发。他在产业经营及资本经营上的管理思想、洞见和艺术独到而新颖，前瞻而务实：

1. 关于集团化企业多种盈利能力的分析。他认为，集团化企业在一般商品销售、提供服务的盈利模式之外，较单一企业增加了或提高了其他盈利模式。具体做法是从财务视角反观管理行为，一种是在资产项下利用集团化企业的经济实力和商业能力，通过整合并购资产并优质化培育，适时进行市场化交易，获取自然增值和商业溢价的利润；另外一种是在资本项下利用拟上市公司、准上市公司和已上市公司以及其他股权交易平台，进行战略投资和市值管理，强化提高非流通和在流通股权的估值，并通过转让、互换、出资等方式获取盈利。

2. 提出了民营经济发展战略和治理的九大论断。他在深入分析2007—2016年十年间我国宏观经济的发展变化和民营经济的机遇与挑战的基础上，为民营经济未来的发展开出了9剂"药方"：集中要素资源，形成比较优势；稳妥主业调整，创新业务方向；主业深耕实体经济；主业发展与国家战略一致；谨慎适时选择国际化战略；严格控制负债，加强直接融资，实现资产证券化；健全科学的法人治理结构，防范企业法人和自然人行为风险；诚信为本的契约精神和精雕细琢的工匠精神；加强企业文化建设，履行社会责任。

3. 提出卓越职业经理人的12项"修炼"。他认为，成为卓越的现代职业经理人，关键是主观努力，重要是客观机会，做到"坚持学习、勇于实践、执着追求、强烈的事业心和责任感、按规矩管人办事、培育企业文化、坚守法律和道德底线、做好职业规划、正确处理权责利关系、保持良好心态、强化人格魅力、遵从职业道德"。

4. 从领导力的视角全新解读"万宝之争"的经典案例。通过翔实地解读万科股权在宝能等资本方介入后发生的一系列管理与法律问题，全面系统地提出企业领导力与法律法规、企业领导力与法人治理制度、企业领导力与管理团队能力、企业领导力与管理团队品质四个维度的领导力问题，更是深度洞察并提出关于资本权利和团队情怀方面的哲学探索。

文如其人，杨骞总裁凝练30多年职业生涯之积淀，汇聚企业家精神和工匠精神的时代之声，在他身上我们可以看到当代川商之精神——坚韧、实在，智慧、共享。

正是源于其事业的使命和职业的情怀，杨骞总裁在繁忙的工作之余，长期关心支持四川大学的商学教育，在受聘为四川大学客座教授之前，就开始担任MBA、EMBA企业导师。在十余年川大客座教授和导师的生涯里，已经指导MBA、EMBA学生80余人，让四川大学的商业教育浸润了更多实践露汁，得到了学校和学员的高度认可和赞扬。

"情怀是一种心态，有什么样的心态就有什么样的命运，有什么样的情怀就有什么样的人生。"谨用本书的最后一句以表达我对它的情怀。因为它既是杨骞总裁十几年的商业感悟与智慧之声音，也是他与包括我在内的各位读者分享与共勉之箴言。

李光金[1]写于望江楼

2018年5月1日

1　李光金，四川大学商学院EMBA"战略管理"主讲教授、博导，曾任四川省工商联专职副主席，四川大学工商管理学院副院长。

前　言

　　企业是创造财富的法人事业，是承担使命、责任和风险的经济组织，也是国家和地区经济发展不可或缺的重要平台。企业管理是通过对生产经营活动的决策、执行和监控，实现企业价值的行为及过程。企业管理的能力源自制度的完善和先进，取决于团队的智慧和品德。不断提高企业管理水平是企业生存和发展的永恒课题，最有效的方法是学习——实践——总结的循环往复。

　　从严格意义上讲，中国企业管理理论的系统性探索和普遍性实践应该兴起于20世纪80年代。在改革开放，推行中国特色市场经济，搞活国有企业，支持民营企业，鼓励外资企业的背景下，经过40年的快速发展，中国经济取得举世瞩目的巨大成就，中国企业管理也在学习借鉴的基础上实现了重大的理论突破和成功的实践创新，特别是中国企业的治理模式和商业模式，已引起国际管理学界高度重视并产生重要影响。尽管如此，中国企业管理历练不长，积累不够，与发达国家相比尚存差距，提高企业管理水平对学界和企业而言，

都是任重道远的使命和责任。

本书系杨骞在四川大学商学院的专题讲座汇编，内容涉及宏观经济、公司金融、企业管理、经典案例等，融合了作者的学习感悟和实践体会，体现了作者的理论探索与经验总结，吸取了国际优秀商学院先进的教学方式，旨在为企业和学界的实践和研究提供借鉴，为商学院教学提供参考。

本书由四川大学博士研究生导师李光金教授作序，甚是荣幸。四川大学商学院EMBA常务副主任曹麒麟博士为本书提供积极建议，四川宏达集团何雨欣、四川宏达股份有限公司王思皓、宏信证券有限公司严亮、四川兴川重点项目股权投资基金管理有限公司杨晶昊，分别为本书收集整理数据、制作文件图表，四川大学出版社为本书精心编辑、校对，在此一并表示衷心感谢。

目　录

中国上市公司的分红及意义

2018年6月2日

  关于上市公司分红，已有较多学者从不同方向研究，相关著述不少，对学习和实践具有积极的参考和借鉴价值。本次讲座，主要从政策与实践相结合的角度与大家交流中国上市公司的分红。为便于理解，我先向大家简要介绍美国上市公司怎样分红。

  美国股市经历了艰难曲折的成长，现在已经是全球最早也是最成熟的股市之一。美国的投资者进入股市的主要目的就是为了现金分红，因为投资者持有股票得到的现金分红高于银行存款利息，并实行按季度实施现金分红，且有相关法规保障，因此美国股市是全球最具代表性的投资型股市之一。美国上市公司向投资者赠送和转增股票的不多，回报投资者的主要方式是现金分红。21世纪以来，在正常情况下美国上市公司年度总体现金分红已达到可分配利润的50%以上，这是美国股市吸引本国和全球投资者的根本原因，也是美国上市公司股市再融资成为常态化的重要保障。美国人储蓄率很低，但不应该由此认为美国人缺钱或舍得花钱，而是把相当大一部

分可以用作储蓄的钱投向股市，转变为市场化、回报率更高的另一种储蓄形式。美国上市公司常态化高比例现金分红，吸引了庞大且稳定的战略投资机构及财务投资者，也促进了美国股市健康持续发展。由于美国股市法规完善，监管严格，市场化程度很高，对风险的自我抗御和修复能力很强，因此对投资者的风险相对可控。

一、中国上市公司的分红方式

中国股市设立至今不到30年，时间不长，成长很快，过程跌宕起伏，从整体看还不是严格意义上的投资型股市，这与立市思想、政策导向、经济体制、管理模式等有关，也与相关制度包括发行、交易、退市、分红、信息披露、监管等制度的先进性和成熟性有关。上市公司的分红的本质是回报投资者的商业行为，涉及决策程序、信息披露、财务安排、组织实施等事项，由国家相关法律政策做出安排和进行规范。从对上市公司或投资者权益影响的意义判别，中国上市公司现行有三种分红方式。

（一）现金分红

上市公司将当期可分配利润，也可包括历年未分配利润，以现金方式分配给全体股东。按现行相关规定，对持股时间超过一年的自然人股东现金分红免交税率为20%的个人所得税，对持股时间不足一年的自然人股东现金分红减半按10%税率征收个人所得税，现金分红个人所得税由上市公司代扣代交。由上市公司向董事会提交初步拟定的分红方案，由董事会确定分红预案，董事会将预案提交股东大会表决，确定分红方案。现金分红需按相关规定进行除息。实施现金分红后，减少上市公司净资产和现金流，但不应影响上市公司正常生产经营。为鼓励现金分红，2017年证监会出台了上市公司申请实施再融资，最近三年现金分红不低于累积可分配利润总额30%的规定。

上市公司现金分红监管机构虽有相关要求，但目前并没有强制性规定，上市公司是根据自身盈利水平、现金状况、财务结构和市值管理等因素，决定是否现金分红以及现金分红比例。由于上市公司现金分红没有强制性和常态化，加之股市投机性较强，对一般投资者而言，通常把现金分红视为降低持有股票的成本，却把投资股市的回报更多寄于股票的溢价收益。对实际控制人而言，现金分红更多的是可用于其他商业安排或私人支配，而股票市值增长有利于提高信用水平和增强征信能力。从上市公司自身来说，不管是国企还是民企实际控制人，基于发展战略、现金流转、财务成本、业绩评价、税务负担等因素影响，常态化现金分红的主观意愿不强。

（二）赠送股份

上市公司将当期可分配利润，也可包括历年未分配利润，以赠送股份的形式分配给全体股东。按现行相关规定，赠送股份的个人所得税征收与现金分红相同。实施赠送股份后，对上市公司现金流有一定影响，不减少净资产，增加总股本。赠送股份的同时通常会分配少量现金，主要用于征收个人所得税。实施赠送股份后，因股份调整和现金影响需按相关规定进行除权除息。赠送股份方案由上市公司经营班子拟定，董事会审核，股东大会决定。由于赠送股份

涉及总股本增加、股价除权及股价填权，为降低资本市场投机性，证监会不鼓励大比例赠送股份。

上市公司的未分配利润属于上市公司的净资产，是全体股东权益，对应所有股份，把未分配利润用赠送股份的形式送给全体股东，实际是把上市公司的净资产送给全体股东，合并计算并不减少上市公司净资产，虽然因总股本增加导致每股净资产额摊薄，但不影响全体股东权益，也不影响上市公司市值。正是由于赠送股份不影响全体股东权益和上市公司市值，有部分学者认为赠送股份不属于上市公司的分红行为，我觉得从相关原理上讲有一定道理。现行税务政策把上市公司赠送股份视为对全体股东的利润分配行为，故予征收个人所得税，因此，赠送股份因为要配送少量现金对上市公司有一定影响，但自然人投资者需要扣交个人所得税且与现金分红相同，有较大影响。实践表明，上市公司愿意把未分配利润以赠送股票的形式送给全体股东，通常的动因是利用填权股概念，选择良好的基本面和股价预期的窗口，实现股价除权后的最大化填权，在扩大股本的同时追求市值增加，一方面提高投资者股票交易收益，另一方面增强实际控制人的信用和征信能力。基于上市公司赠送股份的分配行为及或有交易溢价行为，现行税务机关、监管部门和股市认同赠送股票属于上市公司分红行为。

（三）转赠股份

上市公司将资本公积转换为股份赠送给全体股东。由于多种原因，不少上市公司账面资本公积数额较大，用资本公积向全体股东转增股份的情形较多，且成为使用资本公积的主要方式。上市公司实施转增股份后，不影响现金流，不减少净资产，增加总股本，因股份调整需按相关规定进行除权。转增股份方案由上市公司经营班子提出，董事会审核，股东大会决定。证监会对转增股份的态度与赠送股份原则相同。由于资本公积转增股本的动因及目的与未分配利润赠送股份相同，监管机构不鼓励上市公司大比例转增股份。

上市公司的资本公积是经营过程中由于接受捐赠、股本溢价以及法定财产重估增值等原因所形成的公积金，属所有股东权益范畴，按现行会计准则可用于转增股份。上市公司实施资本公积转增股份，部分学者认为不属于分红行为的理由与赠送股份相同，监管部门与投资者认为属于分红行为的理由与赠送股份概念一致。上市公司实施资本公积转增股份的动因及目的与未分配利润送股原则相似，但有区别，主要区别是税收差异，对于转增股份，现行个人所得税政策规定除股本溢价，其他资本公积转增股份均应缴纳个人所得税，且个人所得税交纳与现金分红及赠送股份一样。上市公司现行的资本公积转增股份的全部案例中，绝大部分均属于股本溢价情形，不涉及个人所得税，非股本溢价的资本公积转增股份案例很少。

二、上市公司分红的选择

上市公司是否分红，怎样分红，与上市公司的行业特点、盈利能力、财务状况、发展战略、总股本、股权结构、股价、再融资等多种因素相关，有战略投资者诉求，由实际控制人决定，受相关法规规范。在实践中，上市公司选择现金分红，通常是实际控制人的

现金需要、再融资的合规要求以及对战略投资者有承诺，且上市公司现金充裕。还有一个重要因素是基于法人实际控制人优化财务报表，因为财务报表在一定意义上体现企业的信用能力。同时优化节约税收，因为法人股东从上市公司的分红不扣交所得税，而作为投资收益与投资主体企业合并计算交纳企业所得税，如果经营亏损，则不交纳所得税且可抵减历年亏损。上市公司选择赠送股份或转增股份，在总股本有扩大空间的前提下，一般是基于市值管理，在股价被低估的期间择机实施，用填权效应提高市值，获得股票高溢价交易逐利，同时提高实际控制人的信用及征信能力，也增强上市公司影响力和竞争力。

三、分红对上市公司的影响

分红对上市公司的影响。一方面，现金分红减少现金流和净资产，或影响财务成本、财务结构和信用评级；赠送股份和转增股份增加总股本，或影响每股收益、每股股净资产、市盈率、市净率等，以及股票交易的连续性、活跃度等。另一方面，分红是上市公司对投资者的价值回报，体现了上市公司对投资者的责任和尊重，将赢得投资者对上市公司的信任和支持，包括战略调整、市值管理、再融资等。上述两个方面的影响，有两个基本前提，一是上市公司的实力和战略，如果实力不足以进行分红，当期重心在维持再生产、再经营，战略支撑力释放有限，分红对上市公司的影响总体是挑战大于机遇。二是股市政策和监管要求，分红是强制性的还是非强制性的，对上市公司的经营和发展的影响是不一样的。不管怎样，分红是上市公司不可避免的问题，要获得积极影响，应坚持从法规要求和自身条件出发，循序渐进，控制数量，追求持续，把握时机，趋利避害，恐怕是上市公司的务实选择。

四、分红对资本市场的意义

上市公司分红是体现资本市场投资价值，回报投资者的重要方式，是降低投资者投资风险，培养投资者长期投资理念，增强资本市场吸引力的重要途径，是资本市场优化配置要素，发现价值，实现价值，可持续健康发展的重要保障。中国资本市场迄今为止，投机性大于投资性，负面影响时有发生，与股票发行、股票交易、上市公司退市等基本制度安排有关，也与上市公司分红等专项政策供应有关。公司上市的目标聚焦在募集资金，回报投资者的责任被弱化，损害了投资者利益，没有持续投资回报且老是亏钱的股市，哪来持续稳定的投资者？哪来股市的吸引力？哪来投资者的信任和信心？美国、日本、英国、德国、法国对上市公司的分红都有成熟稳定的制度安排，对中国股市而言，分红对建设投资型股市，促进股市健康稳定发展，意义和影响尤为重要。

五、分红存在的问题及未来的趋势

问题：长期以来上市公司普遍不愿意现金分红，因为现金分红减少现金流，减少净资产，增加财务成本，降低信用能力，如果不是出于实际控制人需要或监管部门要求，上市公司是不会主动实施现金分红。投资者普遍希望上市公司大比例赠送或转增股份，主要因素是投机型股市的背景下，现金分红对投资者回报有限，仅能在一定程度上降低持股成本，或在象征意义上降低投资风险。而大比例赠送或转增股份，则期盼利用填权概念，或其他利好题材概念甚至内幕信息，在股价大幅上涨中获取超额收益。上市公司分红存在的问题，直接影响股市持续稳定健康发展。

趋势：股市是市场经济发展的产物，是市场化高效优化配置要素资源的制度和政策安排，对促进经济社会发展意义重大。对经济社会发展的预期，股市反应最直接、最敏感，是"晴雨表""温度计"。一个国家股市的成熟，意味着一个国家的制度政策和市场经济的成熟。根据国家建设多层次资本市场，促进资本市场健康发展的战略部署，进一步调整和完善分红政策，以维护投资者权益、增大股市吸引力、加强股市投资功能为出发点，加快实现上市公司分红制度化和规范化，特别是现金分红强制性和常态化，将成为不二选择的趋势。

（本文为杨骞在四川大学研究生院MPAcc的专题讲座，胡应福、帅巍对本文的编写给予了支持）

重大危机管理

——企业领导力的责任和智慧

2018年4月26日

企业危机无处不在，危机管理如履薄冰。当今社会信息发达，企业危机的关注性、传播性和发酵性不断增强，加剧了危机管理的复杂性和艰巨性。危机来临，任何企业都无法逃避，只能面对。本次讲座将通过典型案例分析，结合管理学的相关原理，总结企业重大危机管理的实战经验，旨在提供教学讨论和实践参考。

一、企业危机管理的基本认识

管理学界普遍认为危机是企业面临的即将或已经发生的负面影响及权益损失。企业在配置要素、组织生产、营销产品、提供服务的过程中，不可避免地面临产品质量、环境污染、商务纠纷、突发事件、债务、信誉、法律、媒介等各种危机，危机具有突发性、破

坏性、急迫性、不确定性、被关注性等，对企业正常运行构成严峻挑战。企业危机管理的核心是处置危机的对策，目的是有效管控或彻底消除危机，使企业的负面影响或权益损失降到最低。企业危机管理的通常模式是建立危机预警、危机决策、危机处理的制度和机制，基本要求是依法合规、沟通协调、即时果断、临危不乱、化险为夷。

实践表明，包括误会、事故、意外等所有类型的企业危机，本质都是给企业带来伤害。20世纪末以来，中外学者在总结大量个案经验和教训的基础上，借鉴公共危机管理原理，提出了企业危机管理的相关理论和模式，其中美国学者罗伯特·希斯在《危机管理理论》中阐述的"4R理论"，中国学者游昌乔在《掌握第四种权力——如何应对媒体》中总结的"5B理论"，具有代表性。引发企业危机的原因十分复杂，处理企业危机的方式不尽相同，结果往往不由企业意志主导。从企业角度出发，有效管控企业危机，在很大程度上取决于企业领导力的责任和智慧，应把控好掌握详情、准确判断、果断决策、从容处置等关键节点，尽可能避免或最大化减少危机给企业带来的伤害。

二、MT投资项目危机的背景

在"5·12"汶川特大地震影响的背景下，为了增强企业竞争优势，带动地方经济社会发展，经过近5年的行业研究、产业考察、技术准备和资源整合等前期准备，在地方政府要求和支持的基础上，HD公司经过尽职调查、董事会和股东会决策，以及信息披露等程序，决定在S市建设MT投资项目。MT投资项目系多金属资源深加工综合利用工业项目，计划总投资140亿元，主要产品包括阴极铜40万吨/年、高纯三氧化钼3.8万吨/年、钼铁2.5万吨/年，以及附产品金、银、硒、镍、铼、硫酸等。MT投资项目建成后，预计静态销售收入350亿元/年，交纳税收30亿元/年，实现利润25亿元/年，新增固定用工3000人/年，提供服务外包20亿元/年，对促进企业可持续发展具有重大作用，对带动地方经济社会发展具有深远意义。

MT投资项目属国家产业政策鼓励类项目，是省级人民代表大会批准的优势产业重大项目，建设选址符合区域生产力布局，产品应用领域广阔，原料保障方式可靠。MT投资项目的核心技术和关键装备从美国、加拿大、芬兰等国引进，其技术先进成熟，主要生产系统全部自动控制，安全、节能、降耗、减排、效率等工艺技术指标整体达到国内一流，国际先进。MT投资项目的工业"废气"经过净化处理后无害化排放；工业"废水"经过封闭集中化处理后全部回用，不对外排放；工业"废渣"全部实行工业化再利用及无害化处置，各项排放指标大幅度优于国家标准，整体清洁生产水平被视为行业新标杆。

MT投资项目的环境影响评价由具有甲级资质行业顶尖的专业机构承担，按照国家最高标准和最新要求进行，评价内容主要包括：工程分析、清洁生产、节能减排、区域环境、施工环境、大气环境、生态环境、地表水环境、地下水环境、声环境、水土保持环境、固体废物环境、环境风险、总量控制、环境影响、环境管理、监测计划、环保措施、公众参与、产业政策等20个方面，其广度和深度为行业之先河。MT投资项目的环保设施总投资96547万元，占

工程总投资的14.36%，所有排放点全部实行全时在线监控，并与监管部门链接，引入独立第三方机构进行监测，定期公布环保信息，接受社会监督。MT投资项目环境影响评价过程中，分别采用在相关社区张贴告示，向相关人群发放调查问卷，在企业和政府网站公示，在报纸刊登专栏，与地方党政领导、部门负责人、人大代表、政协委员、各界人士代表座谈交流等方式，尽可能使公众知晓和参与。MT投资项目环境影响报告由省级相关部门组织相关专家进行评审，由环境保护部组织相关专家进行复审后出具行政许可文件。

三、MT投资项目危机的爆发

在省级相关部门对MT投资项目的可研、安全、节能、用水、职业病危害、地质灾害、压覆矿产资源等方面进行评审和许可批复的基础上，省级政府批准了MT投资项目的建设用地，对相关信息进行了公开披露。2012年6月29日，HD公司举行了MT投资项目建设开工仪式。2012年7月1日，有网民发帖串联，呼吁聚集请愿，一些不明真相的群众在S市委门口聚集，打着"防止污染、保持环境""保护下一代"等标语，要求停止MT投资项目建设，经地方政府组织力量宣传疏导后散去。2012年7月2日，部分群众再次到S市委门口聚集，一些群众带头强行冲破警戒线，进入市委机关打砸公共设施，向现场执勤民警和工作人员投掷花盆、砖头、石块等杂物。为此，地方政府宣布MT投资项目从即日起停止施工，但一些群众不听劝阻，继续实施打砸行为。为控制事态发展和维护社会稳定，公安机关依法实施交通管制和封控隔离。事件过程中，一些群众在网络、微博等新媒体上发布了一些伪造图片和不实视频，被网民大量转发、评论，甚至传到境外，在全国引发强烈关注。2012年7月3日，地方政府公开宣布停止MT投资项目建设。

四、MT投资项目危机的对策

2012年7月2日和3日，HD公司全体高级管理人员和律师团队连续召开紧急会议，研究MT投资项目重大危机的对策。在听取相关情况汇报、与地方政府主要领导多次交流，以及充分讨论的基础上，会议一致认为：MT投资项目重大危机由复杂矛盾引发，涉及范围广，牵扯因素多，各种群体利益诉求交织，群众言行和情绪过激，舆论迅速广泛传播，社会高度关注，属于典型的公共事件危机；MT投资项目技术先进成熟，安全环保可靠，符合国家法规，行政许可齐全，决策程序完备，危机事件以MT投资项目环境影响为由，但针对地方政府，HD公司是无辜的受害者，不能成为各种矛盾和社会舆论的焦点；地方政府为了平息事件危机，维护社会稳定，公开宣布停止MT投资项目建设的决定可以理解，但由此带来的后续事项处理及或有经济损失，地方政府应给予积极支持和合理安排。基于这些认识，HD公司决定：按地方政府决定全面停止MT投资项目建设；按地方政府意见及时披露相关信息，此外，不以任何形式对社会和媒体提供任何信息；与政府行政许可部门、监管部门、合作单位和中介机构沟通，争取理解和支持；实施社会舆情和媒体报道观测，准备危机事件后续事项的应对预案；适时向地方政府提出处置后续事项和解决相关经济损失的诉求；成立若干专门小组，分工负责，

协同应对。

五、MT投资项目危机的处置

MT投资项目危机平息后，处置相关后续事项也陆续分阶段实质性地推进，在坚持与地方政府保持一致的前提下，HD公司处置MT投资项目危机的具体工作主要包括：切实履行上市公司义务和责任，根据监管部门要求，按照地方政府意见，及时公开披露相关信息，特别是相关经济损失如何解决等信息，尽可能避免影响股票价格，维护中小股东利益；持续与政府相关部门、监管部门特别是合作单位和中介机构沟通，增进理解和支持，尽可能避免相关合作单位因合同无法履行导致法律诉讼，因经济损失无法确定导致中介机构计提损失而影响当期经营业绩；调整和压缩MT投资项目主体公司的人员和费用，千方百计控制经济损失数额；配合协助政府部门、监管部门等对危机事件的相关调查；密切关注和及时优化处理针对HD公司的媒体报道；要求HD公司全体人员不参与、不议论、不传播MT投资项目危机的相关事项和信息。

MT投资项目危机处置的关键是解决经济损失，HD公司坚持以事实为依据、法规为绳，实事求是、切实可行的原则，反复与地方政府沟通协商，晓之以理，动之以情，在监管部门的支持和中介机构的配合下，最终达成经济损失解决方案：退还HD公司MT投资项目已经交纳的全部相关费税，据实清偿HD公司全部经济损失，包括对合作单位的应付未付及违约损失。在清偿范围和清偿方式商定、财务审计、司法鉴定、决策程序等工作完成后，2015年11月，HD公司对地方政府确定的相关主体向中级人民法院提起民事诉讼，MT投资项目危机对HD公司造成的经济损失最终以法院裁定方式依法解决。

六、MT投资项目对企业危机管控的启示

MT投资项目危机，从开始到结束，历时三年多时间，涉及许多因素，造成了多方面损失和影响，值得政府、社会、学界和企业总结及思考。从商学院的教学视角，MT投资项目危机对企业危机管理的启示主要包括以下几方面。

（一）有效管控危机的前提是掌握准确信息

MT投资项目危机的事前、事中和事后都有来自各个方面的大量信息，有的明确无误，有的模棱两可；有的直接相关，有的牵强附会。HD公司在MT投资项目建设开工仪式前，已经从各种渠道获悉有个别主体和少数群众在一些非公开场合表示质疑或反对，理由是担心环境污染，实质是对地方政府有这样或那样的诉求。HD公司认为个别主体和少数群众对现代工业文明的理解有限，对MT投资项目了解不够，表示质疑或反对是可以理解的，但应该引起重视，采取的措施是多次向地方政府汇报，希望有针对性地做好相关工作；同时坚持MT投资项目工艺技术的先进性、安全环保的可靠性，依法合规建设，不犯过错，不留瑕疵。

MT投资项目危机的事中，HD公司安排相关人员全面关注危机事中现场整个过程，并与相关人员进行交流。危机事中的情况和相

关部门事件调查表明，一些群众聚集，打砸公共设施，警察封控驱离，带离违法人员，网络迅速发布，谣言四处散播，使危机演变成警民冲突公共事件，是特殊时期各种矛盾交织的结果。其中包括地震极重灾区的灾后社会焦虑，经济社会发展过程中的民生积怨，群众环境意识增强后的环保担忧，个别主体的发展战略影响，少数群众的利益诉求，过激人员的情绪宣泄等。HD公司通过危机事中的信息认识到，地方政府公开宣布停止MT投资项目建设，是维护社会稳定的政治决策，MT投资项目危机是社会和舆论高度关注的公共事件，地方政府是解决危机的主导力量。

MT投资项目危机的事后，社会和媒体的相关信息集中在过激人员处理、MT投资项目是否就地再建或异地重建、经济损失是否清偿三个主要方面。HD公司集中精力研究并收集后面两个问题的相关信息，多方面和多角度的信息表明：地方政府已经公开宣布停止MT投资项目建设，就地再建涉及地方政府的公信和责任，政治和社会风险大；2012年7月2日发生的MT投资项目危机余波未尽，MT投资项目异地重建一定时期内不具备相应的政治和社会环境；HD公司在相关事项未了的情况下终止并清算MT投资项目，将引发行政许可和资本市场关注，置身于社会和舆论的风口浪尖；基于事实和法规，地方政府在对解决经济损失的风险性进行综合评估的基础上，或有条件清偿相关经济损失，HD公司根据监管部门和中介机构的要求，多次函询地方政府，并经地方政府同意公开披露了相关信息。

（二）有效管控危机的重点是保持充分沟通

MT投资项目危机涉及许多关切、诉求、利益、责任等相关主体，从HD公司角度讲，要有效管控危机，必须与多个相关主体充分沟通，增进了解、理解和支持。MT投资项目的沟通主要集中在四个方面：一是与地方政府沟通。重点是MT投资项目依法合规，相关行政许可主体是省级政府相关部门，环境评价由环境保护部批准，地方政府有权力和责任维护辖区社会稳定，对停止MT投资项目的决定，HD公司表示理解，积极配合。但地方政府的决定是否有明确的法律依据，是否具备法律效力，由此导致的后续事项如何处置，相关经济损失如何解决等问题，应该引起高度重视并切实解决。二是与监管部门沟通。重点是MT投资项目程序依法合规，信息公开透明，事件属于公共危机，责任主体不是HD公司，管理团队一定尽职尽责，处置好相关事项，请监管部门给予帮助和支持。三是与中介机构沟通。重点是MT投资项目属新建项目，尚未正式全面开工建设，前期各项支出有限，地方政府决定停止MT投资项目建设，对HD公司正常生产经营不构成实质性影响；对相关经济损失，地方政府已书面形式承诺据实依法清偿且已公开披露，不存在财务计提损失，调整影响盈利的情形。四是与合作单位包括可研、环评编制单位，规划、设计承担单位和设备供应商等沟通。重点是合作合同因公共危机无法履行，不属于HD公司主观愿望和自身原因导致违约，后续事项以解决问题为导向，按已经完成的实际工作成果，经共同核实后公平合理协商处置，避免合同纠纷和法律诉讼。

（三）有效管控危机的关键是把损失和影响降到最低

危机的本质是对企业的伤害，不同类型的危机对企业伤害的形式和程度不同，有效管控危机的目的，就是把危机对企业的伤害降

到最低。MT投资项目危机对HD公司的伤害是多方面的，最直接和具体的伤害一是经济损失，二是形象影响。HD公司的对策是争取行政许可部门支持、监管部门的帮助和地方政府的理解，与地方政府从各个层面进行广泛深入沟通，权衡利弊，评估得失，最终实现据实依法清偿HD公司因停止MT投资项目导致的相关经济损失，既体现和维护了地方政府的责任和公信，亦使HD公司经济损失降到最低，其结果被社会和舆论普遍接受。在MT投资项目危机过程中，HD公司对社会和媒体始终是无过错，是受伤害的，HD公司坚持与地方政府保持一致，坚持除按相关要求公开披露信息外，一律不发表其他任何信息，千方百计避免社会视线和舆论焦点，虽然难免有个别负面说辞，但对社会和媒体的整体对策，使HD公司就MT投资项目危机造成的负面影响非常有限。

（四）有效管控危机的核心是企业领导力的判断

有效管控危机是一个十分复杂、非常高效的系统工程，包括收集分析危机信息，从偶然中发现必然，通过现象看到本质；研究找准危机原因，讨论辨别危机性质；预计评估危机影响和损失；安排部署处置危机的措施、方式、步骤等。HD公司根据相关信息、经验和知识，认为MT投资项目事件属于重大公共危机，因为重大公共危机一般表现为群体事件，具有引发因素复杂、媒体传播迅速、社会影响广泛、政府强制干预等特点，MT投资项目事件与之相符。HD公司做出的包括停止MT投资项目建设，坚持与地方政府保持一致，适时提出据实依法清偿经济损失的诉求，寻求监管部门、中介机构、合作单位的理解和支持，避免社会视线和媒体焦点等重大决策和工作部署，无疑是基于重大公共危机的判断，充分体现了企业领导力的责任和智慧。

对于危机管控，成熟的企业一般都有相关制度和机制安排。实践表明，面对危机，企业的制度和机制因针对性和实用性不强，意义作用有限。从危机处置的经验和教训看，企业有效管控危机，一是树立强烈的危机意识，坚持依法合规诚信经营，坚守法律和道德行为底线，对产品和社会负责，尽可能少犯错，不犯大错，从企业自身和源头控制引发危机的风险；二是强化和激发企业领导力责任和智慧，特别是担当精神和克难能力，采取经常与应急、主导与协同、目标与考核、责任与利益相结合的危机管控长效机制，把危机防范、危机控制、危机处理列入企业领导力重要日程和职责体系。企业总是在危机中生存和发展，危机对企业是威胁而不是失败，有危就有机，化危为安，转危为机，是企业危机管理的不懈追求。

集团化企业的有效管控

——以四川宏达集团为例

2018年3月6日

20世纪初以来，在企业生产和资本集约程度增高，信用制和股份制杠杆作用推动，以及科学技术进步的背景下，为了提高企业的综合竞争能力，努力把企业做强做优做大，使之成为创造更多国家财富、贡献更大社会价值的重要主体和积极力量，全球发达国家和地区先后提供政策制度安排，支持集团化企业发展，在美国、德国、英国、日本等相继出现了跨国、垄断、寡头等企业，逐步发展演变为现代集团化企业。

随着全球集团化企业的不断增多和其地位及作用的日益增强，国外企业家和学者开始总结研究集团化企业有效管控的实践和理论。20世纪末，国外学者在总结美国、日本等集团化企业发展的基础上，从企业内部控制理论延伸提出了一系列集团化企业有效管控的学说，形成了比较完整的集团化企业有效管控的理论体系。

21世纪初，中国集团化企业开始快速发展，早期主要是国有企业，后期大型民营企业集团化程度不断增高，目前已经形成以国有企业为主，民营企业和外资企业并存的集团化企业发展格局。近年来，中国学者在总结和借鉴国内外集团化企业有效管控的实践及研究成果的基础上，提出了比较系统的相关理论，其中汕头大学吕源教授等的《企业集团的理论综述与探讨》、山东大学陈志军教授的《集团公司管理》具有代表性。

实践表明，集团化企业有效管控非常复杂，涉及与股份制企业和有限责任制企业管理不同的许多理论、法律和实践问题。本次讲座基于相关理论，联系实践案例，结合我的切身体会和感悟，探讨如何认识和提高集团化企业有效管控，旨在为大家的学习和实践提供启示及借鉴。

一、集团化企业的基本特征

中国目前集团化企业存在的主要形式是由母公司出资设立3个及以上子公司及分公司的经济组织。母公司是具有独立法人资格的有限责任企业，子公司是具有独立法人资格、由母公司绝对控股或实际控制的有限责任企业，分公司是由母公司全部出资并承担全部责任的非独立法人企业，母公司与子公司及分公司之间以股权为联结纽带，其基本特征如下：

（1）母公司对子公司及分公司的重大决策具有决定性影响力。子公司的公司章程、发展战略、制度机制、高管团队、绩效考评、资产处置以及投融资等重大事项，母公司通过子公司的股东会、董事会发挥决定性影响力，分公司及子公司相同的重大事项，则由母公司的股东会、董事会、总经理办公会直接决定。

（2）母公司控制子公司及分公司的日常生产经营。母公司通过对子公司及分公司推荐出任或直接任命的董事长、总经理、财务负责人等，根据相关既定安排，具体组织实施其日常生产经营，并对子公司及分公司董事会或母公司负责。

（3）母公司对子公司及分公司是同一会计核算主体。根据相关准则，子公司及分公司被纳入母公司同一会计核算主体，其资产、负债、收入、利润等合并至母公司财务报表，归属于母公司的主要会计信息在合并报表中体现。子公司是民事责任和纳税主体，分公司的民事责任和纳税主体为母公司。

（4）母公司对子公司及分公司或存在行业竞争及关联交易。母公司与子公司及分公司的行业和主营业务可能相同或相似，存在行业竞争或关联交易，虽然可以根据相关法规克服有条件允许和不能进行的商业及法规障碍，但体现出母公司主营业务跨行业和多产业的多元化趋势，导致对母公司价值判断的多标准化。

（5）母公司与子公司及分公司或存在市场竞争。母公司与子公司及分公司的目标市场和客户群体或有区域重叠及冲突，母公司要统筹安排，组织协调不同及相同区域市场竞争的一致性和差异化，以及生产和营销要素的战略布局。

（6）集团化企业的整体法人治理主要表现为金字塔、扁平式及网格化架构。实践表明，金字塔架构决策管理流程长，效率低，易于控制风险，以国有企业为主；扁平式架构决策管理能够体现行业和产业特点，易出现"诸侯现象"和兼容差异，以民营企业居多；

网格化架构利于发挥灵活性和调动积极性，不易风险控制，以互联网、物流及超市企业居多。

（7）大型或超大型集团化企业基于多个母公司、众多子公司及分公司，为确保实际控制人行为依法合规，注册成立不具备独立法人资格的企业集团，利用法律赋予和制度安排的实际控制人的权利，依据相关程序，统筹对内重大决策和对外重要事项协调。

案例分析：

四川宏达集团在国内和国外设有多家绝对控股、实际控制子公司及全资分公司，主营业务涉及化工、有色、采掘、贸易、地产、金融等行业，还实际控制一家A股主板上市公司，目标市场遍及国内外，是典型的以股权为联结纽带的集团化企业。四川宏达集团走过了39年的发展历程，有健全的法人治理结构、完善的规章制度、成熟的职业团队和明确的发展战略。

四川宏达集团是经过行政许可设立的非独立法人组织，设董事局，主席由实际控制人担任，副主席和董事若干由重要子公司及分公司主要负责人兼任，主要职能：对内负责所有母公司、子公司及分公司的重大事项决策；对外负责展示集团化企业整体实力和形象，统筹协调子公司及分公司对外重要事项。董事局实行会务制，设兼职董事局秘书处理会务事项，不设内部机构。四川宏达集团整体法人治理结构为扁平化，体现不同行业、不同区域特点，既讲效率也讲程序，既能管住也能管活。

四川宏达集团设有两个具有独立法人资格的有限责任母公司，除分别从事自身主营业务经营管理外，还分别出资设立多家子公司与分公司，并分别按会计准则实施合并财务报表。各母公司、子公司及分公司的生产经营、市场营销、对外投资、资产处置、高管任免、机构设置、薪酬绩效等重要事项，由四川宏达集团统筹决策。四川宏达集团的所有决策，都必须通过各母公司、子公司及分公司各自股东会、董事会、总经理办公会履行相关程序后执行，切实做到统筹兼顾，符合企业实际，符合相关法规和监管要求。

二、集团化企业的比较优势

山东大学陈志军教授认为，集团化企业成因源自科斯和威廉姆森的交易成本理论，即集团化企业各个主体之间的内部交易比市场交易成本更低，并从找寻、签约、监督和执行四个方面表现。从实践看，这个判断的逻辑是正确的，但集团化企业的实际情况却超出这个判断的范畴。企业之所以致力向集团化企业发展，是因为与单一企业相比，集团化企业的比较竞争优势十分明显。

（一）集团化企业的战略支撑能力

企业竞争在一定程度上表现为战略竞争，是企业间能力和实力的较量。集团化企业资产和经营规模大，人才和优势要素多，战略目标、路径、措施等明确，这些因素综合形成战略支撑力，并在技术研发、专业经营、市场拓展、项目投资等方面展示竞争力。

（二）集团化企业的抗御风险能力

企业管理在一定意义上是管理风险，包括经济、社会、法律风险等。集团化企业的制度机制可以预防和发现风险，专职机构和专业人员可以识别及判断风险，利用经济实力和多种渠道及方式可以及时处置风险。如经常性项下的流动性危机、债务违约、呆坏账处置等，集团化企业可以统筹子公司与分公司相关资源有效化解。

（三）集团化企业的要素聚合能力

集团化企业是战略空间广阔的价值创造和职业发展平台，对市场资源、技术资源、金融资源、行政资源和人力资源的吸引力、转化力较单一企业优势突出。生产经营要素是企业创造财富不可或缺的前提条件，企业的竞争能力很大程度上表现为要素聚合能力。因为集团化企业综合实力和能力的比较优势，所以能够获得比单一企业更多更好的生产经营要素，获得更快更大的发展机遇。

（四）集团化企业的经营管理能力

集团化企业较单一企业更有条件实现多元化投资、专业化经营、职业化管理。市场和行业都存在不同形式及程度的周期性变化，集团化企业的资产结构、产业结构和产品结构，可以根据市场和行业特点进行优化配置，成为不同子公司和分公司的主营业务，并利用内部要素互补优势，统筹形成经营管理优势，使集团化企业的交易成本更低，市场和行业风险更小，持续发展能力更强。

（五）集团化企业的多种盈利能力

集团化企业在基于一般商品生产销售，提供服务盈利之外，较单一企业增加了或提高了其他盈利方式和能力。一是资产项下盈利，利用经济实力和商业能力，通过整合并购资产，将其优质化培育，再进行市场化交易，获取自然增值和商业溢价的利润；二是资本项下盈利，利用拟上市公司、准上市公司和已上市公司以及其他股权交易平台，进行战略投资和市值管理，强化提高非流通和在流通股权的估值，再通过转让、互换、出资等方式获取盈利。

三、集团化企业有效管控存在的主要问题

从20世纪50年代始集团化企业在全球发达国家广泛发展以来，经过60多年，集团化企业取得了巨大成就，2017年世界500强企业包括115家中国企业几乎都属于集团化企业范畴，营业收入达27.7万亿美元。这些拥有优质资源、先进技术和杰出人才的跨国集团化企业，在全球各行各业发挥引领作用，不仅是行业的标杆和企业的里程碑，也是推动国家和地区经济社会发展的重要力量。集团化企业有效管控是一个复杂庞大的系统工程，实践中不可避免地存在这样或那样问题，基于母公司和子公司交叉的视角，主要归结为以下几方面。

（一）集团化企业的"大企业病"

目前中国集团化企业普遍是总部职能部门多，不同程度地存在

着企业权力部门化、部门权力个人化、个人权力意志化现象，责任履职受到一定影响；由于事多且杂，还需协同配合，既有利益诉求又有责任顾忌，事项处理横向、纵向流程节点多且长，加之经办人员出差，工作效率不高；集团化企业基本实现制度管人，机制管事，为满足合规和流程要求，还需要相关配套设施和行为规范，加之写字楼、数据中心、办公系统等建设营运，集团化企业的体制和管理成本较高。

（二）权力寻租和道德风险隐患

任何企业都可能发生权力寻租和道德风险事项。集团化企业因为资产规模大，涉及行业多，权力集中度较高，相关事项数量更多、数额更大、空间更广，权力寻租的诱因和机会相对频繁，道德风险时有发生，特别是在对外投资、重组并购、项目建设、资金拨付、选人用人等领域。集团化企业的职业环境因外部竞争激烈，诱惑很大，内部攀比严重，人际复杂，如果约束、尽责、防错、监督等机制不到位，很难杜绝管理团队的利益交换和道德沦陷，损害企业利益和信用。

（三）要素流动和内部交易的合规风险

为提高内部要素效率，降低市场交易成本及风险，集团化企业一般实行母公司、子公司及分公司要素统筹流动和尽可能的内部交易，只要依法合规，充分必要，公开公允，并无问题，且为优势。实践中母公司与子公司、子公司与子公司之间比较容易出现如短期资金占用、交易价格差异等现象，或涉及程序不合规、资金使用及

成本变动的税收变化，利益输送影响少数股东权益等风险。特别是母公司因对外投资财务报表不足支持其对银行融资，而子公司作为主营业务及盈利单元，由子公司融资母公司使用，要根据相关法律、规定、程序谨慎进行。

（四）集团化企业资本运营效率有待提高

集团化企业具有战略优势，战略投资占比较高，短期回报较少。从母公司或子公司财务报表反映出对外长期投资在财务结构中占比较大，一方面是资金利息增加财务成本，另一方面资本运营效率受到影响，即单位资本期限内与贡献的收入和利润之比较低，同时主体企业财务报表因此信用等级不高，再融资或受征信条件限制。实践中集团化企业对外投资应考虑战略与战术相结合、直接融资与间接融资相结合、融资需求与报表优化相结合、投资主体选择与收入利润贡献相结合，努力提高资本运营效率，保持集团化企业良性循环。

四、提高集团化企业有效管控的关键

21世纪初以来，为了提高集团化企业的有效管控，中外企业家及学者进行了大量尝试，开展了深入研究，以管控内容、管控机制、管控基础、控制工具、复合维度等为依据分类，归纳了多种管控模式，对丰富理论研究和指导企业实践具有积极意义。随着集团化企业有效管控的实践不断深入，逐渐揭示出任何集团化企业有效管控都有自己的管控模式，其本质差异不大，但结果差距明显，运行过程中存在的难点和痛点几乎一样，说明提高集团化企业的有效管控对管控模式的选择不构成决定性。

从集团对母公司、子公司及分公司的视角看，提高集团化企业有效管控的根本目的是尽可能提高效率，防止犯错，最大化增强盈利，促进发展。因此，无论选择哪种管控模式，提高集团化企业有效管控的关键是从根本目的出发，做出适合自己的管控制度和行为安排，主要包括建章立制、选人用人、合理授权、明确职责及加强监督。其涉及具有普遍意义的重点内容如下。

（一）发展战略的有效管控

集团化企业的发展战略是立足于自己行业、产业、区域和要素的基础上，研究制定的涵盖母公司、子公司及分公司，涉及全局和长远利益的目标与计划，包括发展方向、竞争能力、应变能力、协同效应等，关系到多方利益，决定了集团化企业发展的未来前景。集团化企业发展战略的有效管控，一是发展战略的制定要将现实与未来相结合，尽力而为，量力而行，特别是发展目标应具有科学性、合理性和操作性，避免战略出现失误；二是发展战略的组织实施要充分发挥各方面的积极性和创造性，使协同效应最大化，克服消极被动、各自为政；三是通过战略管理形成强劲的战略一致性和支撑力，突出战略制胜的竞争优势。

案例分析：

四川宏达集团的总体发展战略由董事局组织母公司、子公司及分公司，聘请专业机构和行业专家，在进行广泛

深入调查研究和论证评估的基础上制定，近期和中期总体发展战略分别为5年和10年。总体发展战略分别以母公司、子公司及分公司为主体，董事局组织协同和督促。制定和实施总体发展战略的重点：一是正确认识自己的优势和劣势，客观分析主要竞争对手，专业判断宏观经济发展，政策制度供给，市场及行业变化的趋势、规律和特点，据此制定出发展方向及目标等。如四川宏达集团从2008年始历经近4年时间前期工作，成功并购重组信托及证券公司，成为总体发展战略的重要和优先组成部分，在实体经济转型发展，应对各种挑战的过程中发挥了积极作用。二是在组织实施总体发展战略过程中，坚持集中人力和财力等要素优势，多方协同，抓好重大事项的推进落实，使之尽快形成战略竞争和发展优势。如四川宏达集团房地产项目在市场和政策调整的背景下，集合要素资源，抓住有利时机，迅速建成项目投放市场，取得了良好的经济和社会效益。

（二）对外投资的有效管控

集团化企业的对外投资是关系竞争和发展的重大事项。一般来说，对外投资是基于战略、财务、合作等目的面向非自由流动股权，主要以现金方式的投资，主体是集团化企业的母公司和子公司，其决策权在集团，根据需要一定额度内可授权于投资主体。有效管控对外投资：一是要把握投资目的及投资价值的实现，需要详尽的调查、研究、论证，以及多轮磋商，避免投资决策犯错；二是交易架构设计应该在依法合规前提下充分体现权力、责任、利益平等，特别是持股比例与投资主体财务报表是否构成合并、是否体现收益的要求，以及在股东会、董事会的权力安排，都应实质性明确约定；三是对外投资的管理要有专项机制进行履职和价值管理，主要是维护投资者权益，保值增值以及再交易。

案例分析：

四川宏达集团的对外投资实行分级决策，主体管理。母公司及子公司对外投资额在净资产30%以内的，由其按相关程序决策后报集团审核；超过投资主体净资产30%以上的对外投资，由董事局研究决策。对于战略型的对外投资，投资主体的财务报表没有其他约定要求，主要管理投资对象的价值成长和投资主体的退出时机及实现方式；对于财务型的对外投资，突出投资对象对投资主体的利润贡献，包括年度化的现金分红，实施权益法会计核算及其相关配套安排；对于合作型的对外投资，更多的是管理合作诉求，如原料供应、产品销售、技术支持等的执行。对外投资管理的挑战主要集中在投资资金来源、财务报表优化和财务成本控制等方面，集团在决策对外投资时坚持实行统筹兼顾。

（三）人力资源的有效管控

集团化企业的人力资源有效管控十分复杂，涉及招聘、选择、使用、培训、薪酬、考评、劳资，以及跨区域、跨行业和多专业等，实行职能由集团全部统筹的家长式模式效率低，成本高，而且与母公司、子公司及分公司容易出现职能重叠，对金融企业和上市公司或有监管要求障碍。实践中多数集团化企业根据行业不同采用分级分类治理模式，常规性管理事项安排大同小异，尽管实行了德才兼备、公开选拔的用人机制，岗位绩效考评的分配机制，但如何知人善任，兼顾效率与公平的分配却是共同的难点，也是人力资源有效管控的关键。

案例分析：

四川宏达集团实行集团、母公司、子公司及分公司三级分类治理的人力资源管控模式，董事局推荐集团、母公司、子公司及分公司的高级管理人员及职数、财务负责人和行政负责人的人选，以及基本薪酬和绩效考核办法，建议职能部门设置及中级管理人员职数配备，按相关决策程序办理。集团管理员工年度人数总规模、基本薪酬总额及绩效考核办法，制定员工培训规划并组织实施，母公司、子公司及分公司各自负责中级管理人员选拔、员工招聘、解聘、绩效考评及劳资。高级管理人员实行内部培养和外部引进相结合，经过考察推荐，研究决策后按决策程序聘任；中级管理人员实行内部差额公开竞聘，同级中级管理人员可以跨部门、跨单位调整。其基本薪酬、绩效考核办法、五险一金交纳标准，根据行业、产业、区域特点，由董事局统筹决定，按决策程序办理。四川宏达集团根据行业和企业特点，对母公司、子公司及分公司分别实行产量薪酬包干法、职责权重系数法、平衡记分法、收入分成法等绩效考核办法，对考核情况及结果兑现进行监督。

（四）财务的有效管控

加强财务管理，对保证集团化企业发展战略顺利实施，强化财务信息的真实可靠，防范财务风险，为经营管理提供业绩评价依据，维护股东合法权益，有着十分重要的作用。因此，财务管理是企业决策、执行、监督的助手和参谋，也是提高集团化企业有效管控的最重要的职能和手段之一。集团化企业财务的有效管控重点包括：财务体系建设要不断提高信息化水平，减少人为犯错风险；通过学习交流增强财务人员专业能力，由做账会计向管理会计发展；实行全面预算管理，将所有财务变动因素纳入计划控制范围；集团财务部门要加强对母公司、子公司及分公司财务的指导、服务和监督；财务部门要重视和加强税务管理，坚持依法纳税，严防由于财务处理不当、税务理解差异、税务征管办法改变带来的税务风险；对资产交易的估值、融资提供的担保、抵（质）押征信等或有重大财务变动事项，严格按相关法规及程序进行，避免隐形风险。

案例分析：

四川宏达集团实行的是条块相结合的财务管理体制，运用基于集团化企业管控，覆盖所有母公司、子公司及分公司的NC-2会计核算软件系统，对财务实现了标准化、规范化、全面预算、统筹管控，提高了会计信息的质量。四川宏达集团财务有效管控的关键节点包括：坚持对财务人员进行专业和素质培训，强化法规意识，克服能力短板，防范道德风险；对重点企业实施财务人员派遣制和轮换制，提高财务管理能力，降低财务管理危机；对企业高级管理人员和财务团队进行经常化税务知识培训，实行税务责任制，聘请税务咨询公司，应对和处置或有税务风险；逐步实施由传统的做账会计向新型的管理会计转型，更好发挥其参谋、助手和监督职能。

（五）资金的有效管控

资金管理是企业管理的核心，也是最直接有效的管控手段，对企业的生存和发展至关重要。如果基于对集团化企业的资金实行统一管理，面临的问题是母公司及子公司的资金来源包括股东出资、对外融资、现金分红、资产变现等，属于两个不同法人企业的资产，解决的办法是集团设立财务公司，由财务公司实施统一资金管理，做好资金归集和同业拆借，提高资金营运的效率和效益。截至2016年底，中国集团化企业共设立财务公司235家，表内资产4.76

万亿（数据源自中国财务公司行业协会）。但设立财务公司门槛太高，目前民营集团化企业涉足有限。如果基于集团化企业母公司与子公司、子公司与子公司之间的资金周转需要，可在通过依法合规决策程序及合理计算利息的前提下，相互调剂使用闲余自有资金是切实可行的管理安排，但要重视和防控税务风险。其实，资金管理的根本目的是满足生产经营和发展需要，正常周转、合理使用、控制成本、减少浪费和损失，通过制度安排、依法合规程序，责任主体负责实施，可实现有效管控目标。

对外投资的筹融资管理因为数额大，时间长，涉及信用、征信、财务报表及财务成本等，是集团化企业不可忽视的重要问题。集团化企业对外投资需要资金，来源主要为自有资金、直接融资（即股权融资）、间接融资（即负债融资）等，有效管控的焦点：用自有资金对外投资，要安排好投资主体的正常生产经营流动资金的基本保障，存续债务周转需要；股权融资应对股权兑价及总额、投资主体的法人治理结构影响进行统筹谋划；间接融资应全面设计包括类别、品种、总额、期限、利率、征信等要素架构，维护正常财务基本面和成本消化力，尽量避免短融长投、此融彼投。

案例分析：

四川宏达集团对外投资的筹融资管理基本模式是筹融组合、投营兼顾、主体负责、集团协调、依法合规。对符合总体发展战略的对外投资，坚持量力而行，采用自筹、出售资产及股权，公开募集、定向增发、银行信贷、发行债券等组合方式解决资金来源，具体怎样组合，根据快

捷、便利、可行原则确定；同时兼顾对外投资与正常生产经营的各种诉求，平衡局部与整体的要素和利益关系，确保各相关方顺利进行和稳定发展。筹融资管理由投资主体负责组织实施，集团对投资主体的筹融资架构设计和谈判、内部要素的配合、外部服务的交流等，给予支持和协调。筹融资管理还涉及法律法规、行业监管、行政许可等诸多问题和方面，相关事项和程序必须做到依法合规。

（六）内部审计的有效管控

内部审计的本质是一种独立客观的监督和评价行为，主要针对经营管理的适当性、合法性和有效性进行审查及评价。集团化企业的内部审计，一般都有专门机构、专业人员、工作制度及计划，主要职责是合规审计，针对各项规章制度的执行进行审计；财务审计，针对财务的真实性、完整性和合法性进行审计；专项审计，针对突出问题如专项资金使用、费用开支等的适当性进行审计。集团化企业内部审计的误区是期后事项，亡羊补牢，对预防风险意义有限，但对处置问题作用很大，特别是内部审计建议，对改进和提高有效管控提供了积极支持。提高集团化企业的有效管控，内部审计首先要发挥震慑作用，使人知畏识害，不敢妄为；其次要发挥监督作用，预防犯错，及时纠错；最后要发挥查处作用，找准问题，提出建议，严肃处理，以儆效尤，杜绝后患。

案例分析:

　　四川宏达集团母公司设有审计部,配有专职人员,以两个专业人员组成审计小组,可随时抽调相关财务人员参加,对所有子公司及分公司开展审计,必要时如对金融企业、上市公司的审计将聘请有资质的中介机构进行审计。四川宏达集团的内部审计以震慑、监督、查处、惩后为目标,制定了完善的规章制度和工作机制,包括内部审计管理规定、内部审计工作计划、内部审计工作流程、内部审计报告后续管理等。内部审计工作的开展包括两年一次的合规审计、一年一次的财务审计、一年一次的绩效考核兑现审计、集团安排的不定期专项审计。通过内部审计发现的问题,主要包括对规章制度的执行存在选择性和理解性差异,会计信息记录和处理不完整、不适当,绩效考核最终认定对扣减因素计算有误,不同形式的费用报销超标及违规等。内部审计对提高集团化企业有效管控的作用主要表现为:扼制了明知故犯的违法违规行为;发现问题,及时纠正,防范潜在风险;针对问题,通过纵向和横向交流,改善和提高了经营管理水平。为了更好地发挥内部审计的职能作用,四川宏达集团坚持对审计人员进行业务培训,组织对外交流,旨在不断提高专业能力和思想品质,使内部审计更加专业、客观和公正。

（七）企业文化的有效管控

企业文化的本质是企业全员的价值观念和行为准则，是企业发展的精神力量。集团化企业因地域、行业、产业和人文背景差异，企业文化的冲突性比较突出，对正常生产经营的影响不可忽视。因此，有效管控集团化企业的企业文化，发挥其正能量，消除其副作用，对企业发展有着积极的推动作用。集团化企业应进行广泛深入的尝试，包括提炼和固化企业文化核心，领导带头，积极传播，强化典型，培训引导、规则约束、交流沟通等，从而收到较大成效。需要强调的是，不同的成因，孕育不同的文化。文化有固守性和排斥性，不同文化的冲突是不可避免的；文化也有演绎性和交融性，不同文化在碰撞中借鉴，在交融中包容。因此，对企业文化冲突的管控，应该确立以企业使命为企业文化核心，通过多形式、多渠道，以及广泛深入、坚持不懈的交流，促成共识，增进理解，达到全员感情认同、行动协作。仅此还不够，企业要在用人、分配、关爱员工等方面，持续营造公开、公平、真诚、负责的人文、事业和价值环境，建设以共同价值观和行为观为代表的优秀企业文化，培育企业战略发展强大的精神力量和不竭动力。

案例分析：

四川宏达集团的企业文化建设是总体发展战略的重要组成部分，经过39年的培育和凝练，企业文化的核心为"诚信、责任、团结"。四川宏达集团的管理团队来自并分布在全国各地，不少从海外归来，分属10多个民族，在多元文化的背景下，有企业文化核心引领，企业文化的冲突更多地表现出思想的启迪、智慧的火花、共识的增进、情感的凝结，成为企业发展的强大精神力量。四川宏达集团对企业文化冲突的有效管控主要着力点为：提供事业发展的平台，使管理团队有公开、公平的机会提升能力，展示才华，追逐职业生涯的成功愿景；打造价值创造和共享的平台，按市场价值逻辑实施绩效分配，重视和体现个人价值创造的回报；培育情感和心灵停泊的平台，尊重、信任、关爱、友情，使管理团队不断增强忠诚度和归属感。四川宏达集团曾获得全国企业文化建设工作先进单位、全国民营企业文化建设先进单位等殊荣。39年的发展历程，以及曲折坎坷、艰难险阻，是四川宏达集团企业文化的魅力和能量，始终凝聚管理团队，不断推动企业发展。

参考文献：

1. 陈志军：《集团公司管理》，中国人民大学出版社，2014年版。
2. 吕源、姚俊、蓝海林：《战略基础：企业集团的理论综述与探讨》，载《南开管理评论》，2005年第4期。

新时代民营经济的发展逻辑

2018年1月12日

　　以党的十九大确立的新思想、新矛盾、新目标为标志中国进入新时代，中国经济发展也开启了由高速度方式向高质量方式转变的新征程。民营经济是改革开放最大的成就之一，是中国经济的重要组成部分，对经济发展、财税增长、就业保障发挥了巨大作用。在新时代背景下，促进民营经济健康持续稳定发展，具有重要的经济、社会和政治意义。

　　在中国经济发展方式转变的过程中，民营经济面临许多问题和困难，概括起来主要是认识和发展问题。本次讲座以新时代为背景，通过对民营经济发展的历史环境和贡献、当下挑战和机遇、未来战略和治理的分析，从逻辑意义上阐释新时代民营经济发展的基本趋势。

一、2007—2016年民营经济发展的宏观经济环境

　　2007—2016年的10年，中国经济发展从周期意义上可分为两个

阶段，第一阶段为2007—2011年保持高速增长的5年，第二阶段为2012—2016年主动放缓增长的5年，虽然第二阶段较第一阶段中国经济增速一定幅度放缓，但经济总量增加相差甚微，整体上仍然实现了稳定合理增长，为民营经济发展提供了积极有利的宏观经济环境和战略预期。

（一）2007—2016年中国GDP增长

2007—2016年的10年，中国GDP由270232.3亿元增至744127.2亿元，增加了473894.9亿元，2016年是2007年的2.76倍，年均增速8.73%。其中，2007—2011年的5年，GDP由270232.3亿元增至489300.6亿元，增加了219068.3亿元，2011年是2007年的1.81倍，年均增速10.26%；2012—2016年的5年，GDP由540367.4亿元增至744127.2亿元，增加了203759.8亿元，2016年是2012年的1.37倍，年均增速7.20%；2012—2016年的5年GDP较2007—2011年的5年GDP年均增速下降了3.06%，GDP减少了15308.5亿元。

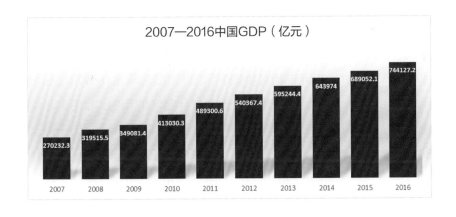

2007—2016中国GDP（亿元）

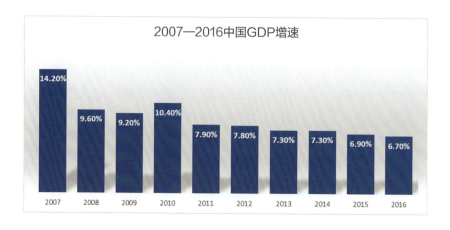

中国经济高速度的传统发展方式难以为继，转变为高质量的创新发展方式势在必行；中国经济发展方式转变需要时间和过程，去过剩产能部分行业难免有阵痛或代价，虽不可避免，但可以承受和消化；中国GDP已列全球第二，经济体量大，空间广，韧性好，活力强，持续稳定健康发展的长期前景具有可确定性。

（二）2007—2016年中国进出口总额增长

2007—2016年的10年，中国进出口总额从166924亿元增至243345亿元，增加了76421亿元，2016年是2007年的1.46倍，年均增速5.49%。其中，2007—2011年的5年，进出口总额由166924亿元增至236402亿元，增加了69478亿元，2011年是2007年的1.42倍，年均增速10.29%；2012—2016年的5年，进出口总额由244160亿元降至243345亿元，减少了815亿元，年均增速0.68%；2007—2016年的10年，进出口总额分别于2009年、2015年、2016年出现3次负增长；2016年进出口总额占比GDP32.7%。

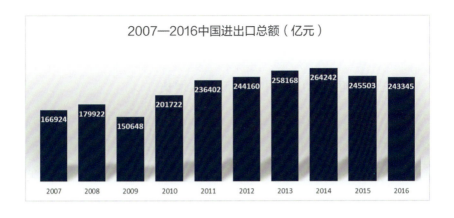

2007—2016中国进出口总额（亿元）

2007—2016中国进出口总额增速

　　2007—2016年的10年间，中国进出口总额增长波动很大，主要源自国际国内市场需求变化和对美国及欧盟之间的贸易壁垒；中国主要的出口产品大多属劳动密集型和资源消耗型产品，科技和价值含量不高，竞争力不强；中国主要的进口产品大多为能源和资源，市场、汇率和安全风险较高；中国进出口空间和潜力巨大，但取决于中国产业能力的提高和国际市场的开放；中国市场经济地位的国际认同和人民币国际化尚需条件和时间；中国"一带一路"倡议为

进出口创造了巨大机遇，但要继续成为中国经济发展的有效动力之一，需要创新体制机制、坚持优化结构和不断增强实力。

（三）2007—2016年中国财政收入增长

2007—2016的10年，中国财政收入从51321亿元增至159552亿元，增加了108231亿元，2016年是2007年的3.11倍，年均增速15.49%。其中，2007—2011年的5年，财政收入由51321亿元增至103874亿元，增加了52553亿元，2011年是2007年的2.02倍，年均增速21.99%；2012—2016年的5年，财政收入由117253亿元增至159552亿元，增加了42299亿元，2016年是2012年的1.36倍，年均增速8.99%；2012—2016年的5年较2007—2011年的5年，财政收入年均增速下降了13%，增长总量减少了10254亿元。

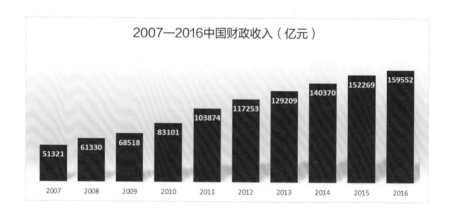

2007—2016中国财政收入增速

2012—2016年的5年财政收入年均增速大幅下降，增长总量有所减少，主要源自中国经济发展方式转变，增速放缓，传统产业盈利能力下降，经常性项下财政收入来源减弱，但整体上保持了持续增长；2012—2016年的5年，中国固定资产投资新增231172亿元，为同期GDP增加总量的113.45%，投资对财政收入增长贡献较强；2015年中国服务业GDP占比首次超过50%，服务业的财政收入贡献能力已经提高且呈持续增强趋势；去过剩产能和培育新兴产业成效明显，随着市场逐步复苏和盈利能力不断增强，财政收入将在结构优化的基础上长期保持稳定增长预期。

（四）2007—2016年中国固定资产投资增长

2007—2016年的10年，中国固定资产投资从137239亿元增至606466亿元，增加了469227亿元，2016年是2007年的4.42倍，年均增速18.84%。其中，2007—2011年的5年，固定资产投资由137239亿元增至311485亿元，增加了174246亿元，2011年是2007年的2.26倍，

年均增速23.32%；2012—2016年的5年，固定资产投资由374694亿元增至606466亿元，增加了231772亿元，2016年是2012年的1.62倍，年均增速14.36%；2012—2016年的5年较2007—2011年的5年，固定资产投资年均增速下降4.48%，总量增加了57526亿元；2007—2016年的10年，固定资产投资年均增速较GDP年均增速提高了10.11%；2016年固定资产投资与GDP之比为0.82:1。

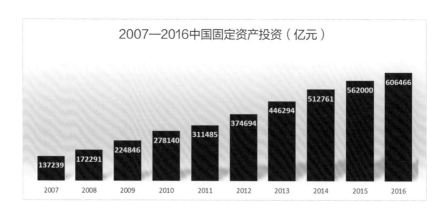

2007—2016中国固定资产投资（亿元）

2007—2016年的10年，中国固定资产投资增速大幅度高于GDP增速，中国经济增长在一定程度上源自积极的货币供应和投资拉动；2012—2017年的5年，在GDP和投资增速下降的背景下，投资量仍较大增加，表现出中国经济发展方式转变过程中，投资是拉动经济增长的主要动力；投资主体占比较高为地方政府和国有企业，投资项目大多是现金流和利润贡献较弱的非产业化项目；在投资高速增长的背景下，地方政府债务和国有企业杠杆风险加大；投资是促进经济增长的有效动力之一，但经济增长长期依赖投资将导致经济结构复杂化，以及引发债务违约和通货膨胀风险。

2007—2016中国固定资产投资增速

（五）2007—2016年中国M2增长

2007—2016年的10年，中国M2从403400亿元增至1550100亿元，增加了1146700亿元，2016年是2007年的3.84倍，年均增速16.28%。其中，2007—2011年的5年，M2由403400亿元增至851600亿元，增加了448200亿元，2011年是2007年的2.11倍，年均增速19.83%；2012—2016年的5年，M2由974200亿元增至1550100亿元，增加了575900亿元，2016年是2012年的1.59倍，年均增速12.73%；2012—2016年的5年较2007—2012年的5年，M2年均增速由19.83%下降至12.73%，总量增加了127700亿元；2016年M2是GDP的2.09倍，金融资产总额是GDP的3.12倍。

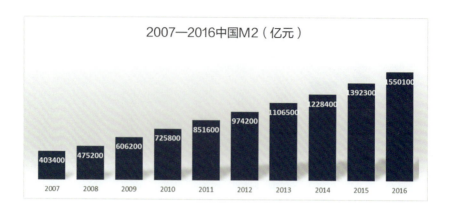

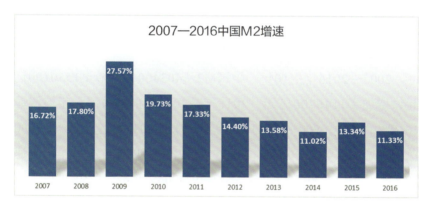

　　2007—2016年的10年，中国宽松的货币政策在促进经济增长的同时，导致M2规模很大，单位GDP的货币比和融资成本比较高；M2总量整体流动率不高，货币使用结构有待优化；2010—2015年的5年，泛金融化、金融脱实向虚、高杠杆、扰乱金融市场秩序等现象在一些地区比较突出；企业全部融资中的直接融资比例不高，间接融资比例较低；地方政府债务特别是隐形债务增长较快，部分市、县负债率超过100%；金融系统性、结构性、局部性和行业性存在较

大风险及隐患。

二、2007—2016年民营经济对经济发展的贡献

2007—2016年的10年，虽然经历了保持高速增长和主动放缓增长两个阶段，也经历了去过剩产能、强化生态保护、做大做强国企、坚定惩治腐败等经济、社会和政治变革，民营经济的部分行业和产业受到一些影响，但整体上保持了积极稳定增长，成为促进中国经济和社会发展的重要力量，充分显示了民营经济是中国经济的重要组成部分的地位和作用，为民营经济持续发展赢得了广阔的战略空间。

（一）民营经济对GDP的贡献

2007—2016年的10年，民营经济对GDP的贡献从91262.16亿元增至465580.88亿元，增加了374218.72亿元，2016年是2007年的5.10倍，年均增速20.96%。其中，2007—2011年的5年，民营经济对GDP的贡献由91262.16亿元增至219704.5亿元，增加了128442.31亿元，2011年是2007年的2.41倍，年均增速25.62%；2012—2016年的5年，民营经济对GDP的贡献由267927.36亿元增至465580.88亿元，增加了197653.52亿元，2016年是2012年的1.74倍，年均增速16.31%。

2007—2016民营经济对中国GDP的贡献（亿元）

2007—2016民营经济对中国GDP的贡献增速

　　2007—2016年的10年，民营经济对GDP的贡献年均增速较GDP年均增速提高了12.23%；2012—2016年的5年较2007—2012年的5年，民营经济对GDP的贡献年均增速由25.62%下降至16.31%，但总量增加了69211.21亿元；2009—2011年民营经济对GDP的贡献呈V字形大幅波动，系汶川地震灾后国家调整所致，不影响基本趋势；2016年民营经济对GDP总量的占比上升至62.57%。民营经济已经成为中国经济的重要组成部分，对中国经济发展具有重要的积极意义。在中国经济转变发展方式的背景下，民营经济分化现象比较明显，一方面传统行业和产业逐渐萎缩，另一方面新技术、新领域、新模式的行业和产业逐步强化。民营经济将以基于市场、创新、惠民的比较竞争力和强大的内生动能，继续成为中国经济发展的重要动力。

（二）民营经济对就业的贡献

2007—2016年的10年，民营经济就业人数从12750万人增至30859万人，增加了18109万人，2016年是2007年的2.42倍，年均增速10.29%，2016年民营经济就业人数较全国就业人数占比达39.77%；2007—2016年的10年，国有企业就业人数从6423.5万人下降至5997.2万人，下降了462.3万人，年均增速0.51%，2016年国有企业就业人数较全国就业人数占比为7.72%；2016年国有企业就业人数与民营经济就业人数之比为1:5.14。

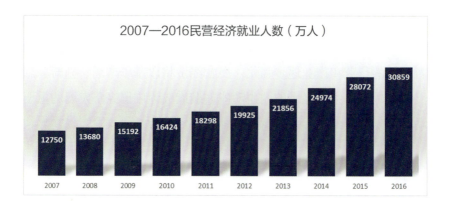

2007—2016民营经济就业人数（万人）

民营经济是就业保障的承载主体，是社会稳定的坚实基础；民营经济是创造社会价值的重要平台，2016年民营经济就业人员的薪酬和"五险一金"总额或超过15万亿元；民营经济对国民和职业教育提供了持续坚实的支撑，对国民素质和专业技能的提高发挥了重要作用。

2007—2016民营企业就业人数增速

2007—2016民营企业全国就业人数占比

2007	2008	2009	2010	2011	2012	2013	2014	2015	2016
16.93%	18.10%	20.03%	21.58%	23.94%	25.98%	28.39%	32.33%	36.24%	39.77%

（三）民营经济对财政收入的贡献

2007—2016年的10年，民营经济对财政收入的贡献从29944.42亿元增至102372.9亿元，增加了72428.44亿元，2016年是2007年的3.42倍，年均增速15.35%，2016年民营经济对财政收入的占比达64.14%。其中，2007—2011年的5年，民营经济对财政收入的贡献由29944.42亿元增至64411.73亿元，增加了34464.31亿元，2011年是2007年的2.15倍，年均增速20.98%；2012—2016年的5年，民营经济对财政收入的贡献由70462.13亿元增至102372.9亿元，增加了31910.72亿元，2016年是2012年的1.45倍，年均增速9.72%；2012—2016年的5年较2007—2011年的5年，民营经济对财政收入的贡献年均增速由20.98%降至9.72%，总量减少了2556.58亿元。

新时代民营经济的发展逻辑

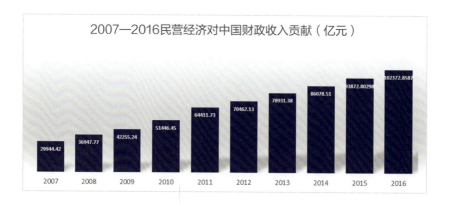

2007—2016民营经济对中国财政收入贡献（亿元）

2007—2016民营经济对中国财政收入贡献占比

民营经济是国家和社会财富积极的创造者，是财政收入的重要来源。在中国经济转变发展方式的背景下，民营经济面临战略发展空间调整、传统产业萎缩、成本上升、盈利下降的趋势，但新产业、新行业、新模式、新市场成长很快，已经展现出新的可持续的财政收入贡献力。民营经济将持续发挥为国家贡献财政收入和为社会创造财富不可或缺的重要作用。民营经济创造价值的能力与国家政策、制度的安排以及市场竞争环境密切相关。

（四）民营经济对固定资产投资的贡献

2007—2016年的10年，民间固定资产投资从52904亿元增至365219亿元，增加了312315亿元，2016年是2007年的6.90倍，年均增速25.22%，2016年民间固定资产投资对中国固定资产投资的占比达60.22%。其中，2007—2011年的5年，民间固定资产投资由52904亿元增至179472亿元，增加了126568亿元，2011年是2007年的3.39倍，年均增速34.88%；2012—2016年的5年，民间固定资产投资由

223982亿元增至365219亿元，增加了141237亿元，2016年是2012年的1.63倍，年均增速15.56%；2012—2016年的5年较2007—2011年的5年，民间固定资产投资年均增速由34.88%降至15.56%（其中2016年增速3.17%），但总量增加了14669亿元。

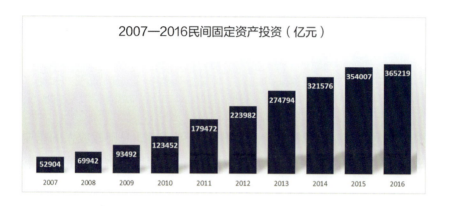

2007—2016民间固定资产投资增速

民间固定资产投资是中国固定资产投资的重要力量。2012—2016年，民间固定资产投资年均增速大幅下降，主要原因包括融资难、融资贵、方向不明、信心不足等。民间固定资产投资将随中国经济发展方式转变而在领域、结构和形式上发生变化。随着国家发展战略和政策及制度安排调整，社会财富持续增长，特别是营商环境改善，民间固定资产投资将保持可持续的增长，并扮演更加重要的角色。

三、民营经济发展的挑战和机遇

经济发展和市场调整的周期性变化规律蕴含着挑战与机遇并存，不同时期的挑战和机遇不尽相同。在新时期背景下，当前和今后一段时期，民营经济发展要坦然直面、勇于应对挑战，正确判断、敏于抓住机遇。

新时代民营经济的发展逻辑

（一）民营经济发展的挑战

民营经济发展面临的挑战主要有以下几方面：一是中国经济增长放缓，市场需求下降，民营经济成本上升，盈利能力减弱，亏损加大，一些企业持续生产经营困难；二是金融脱实向虚，民营经济受信用条件和征信能力局限，融资难、融资贵，一些企业靠民间借贷周转债务和维持现状；三是国家强化生态环境保护和安全生产经营要求，民营经济缺乏资金实力和技术能力尽快实现转型升级，一些企业在停产停业整顿、违法违规运行中徘徊；四是国有企业做强做优做大，民营经济对传统领域、行业和产业感受到要素供给"营养不良"和发展空间受到挤压，一些企业存在"国进民退"的片面认识和理解；五是完善法治和加强监管，对民营经济规范生产经营提出了严格的新要求，一些企业法人和自然人的行为受到制约；六是强化惩治腐败，构建"清""亲"政商关系，或涉及民营经济产权、人权和营商环境，一些企业不同程度存在"不安心、不放心、缺信心"的现象。

（二）民营经济发展的机遇

党的十九大报告指出，国家的政策和制度安排"毫不动摇巩固和发展公有制经济，毫不动摇鼓励、支持、引导非公有经济发展"。"全面实施市场准入负面清单制度，清理废除妨碍统一市场和公平竞争的各种规定和做法，支持民营企业发展，激发各类市场主体活力。"

"党的十八大以来，在以习近平同志为核心的党中央的坚强领导下，我国非公有制经济发展迈上新台阶，在稳定增长、促进创新、增加就业、改善民生等方面发挥了重要作用，已经成为稳定经济的重要基础、国家税收的重要来源、技术创新的重要主体、金融发展的重要依托、经济持续健康发展的重要力量。"[1]

2017年9月8日，中共中央、国务院《关于营造企业家健康成长环境弘扬优秀企业家精神更好发挥企业家作用的意见》指出："营造企业家健康成长环境，弘扬优秀企业家精神，更好发挥企业家作用，对深化供给侧结构性改革、激发市场活力、实现经济社会持续健康发展具有重要意义。""着力营造依法保护企业家合法权益的法治环境、促进企业家公平竞争诚信经营的市场环境、尊重和激励企业家干事创业的社会氛围，引导企业家爱国敬业、遵纪守法、创业创新、服务社会，调动广大企业家积极性、主动性、创造性，发挥企业家作用，为促进经济持续健康发展和社会和谐稳定、实现全面建成小康社会奋斗目标和中华民族伟大复兴的中国梦做出更大贡献。"

2017年12月20日，中央经济工作会议指出："强化实体经济吸引力和竞争力，优化存量资源配置，强化创新驱动，发挥好消费的基础性作用，促进有效投资特别是民间投资合理增长。""要支持民营企业发展，落实保护产权政策，依法甄别纠正社会反映强烈的产权纠纷案件。"

1　参见2017年11月24日，李克强总理在全国工商联第十二次全国代表大会上的致辞。

1. 实现"双百年目标"必然要求经济持续稳定发展

要顺利实现"双百年目标"，必须致力经济发展，才能有强大的经济实力支撑，才能有坚实的经济基础保障。民营经济已经是中国经济的重要组成部分，是中国经济持续稳定健康发展的重要动力，不可或缺。因此，从任何意义都可以说，中国经济转变发展方式，国有企业和民营企业在一些行业和产业有部分进退，皆基于自身战略需要，个案现象不能代表本质和规律，缺乏相关数据支撑。新时代经济高质量发展，不是限制甚至排斥民营经济，而是支持、鼓励民营经济发展，促进民营经济发挥更好作用，做出更大贡献。这是历史赋予民营经济的使命和责任，也是民营经济发展的重大时代机遇。

2. 经济高质量发展对民营经济发展提供了更加广阔的空间

中国传统的低技术和低价值、高消耗和高污染、速度规模型发展方式不可持续，转变为创新的高科技和高价值、低消耗和低污染、质量效益型发展方式势在必行。国家调整政策和制度安排，加快促进新技术、新领域、新行业、新产业、新模式和新市场成长，为民营经济发展拓展了更多的市场化新空间和新机遇。

3. 经济、资产和产业结构调整的民间投资

在社会财产性收入不断提高和社会保障体系不断完善的背景下，社会财富存量巨大，2016年中国居民存款余额达60.65万亿元，民间投资已经成为中国固定资产投资的主要力量。在新时代背景下，以基金化方式的民间投资将在更多领域、行业和产业继续增

加，民营经济中一些企业将由经营者转变为投资人，这对优化经济结构、解决产能过剩、保护生态环境、调整资产结构、化解社会风险、增加社会财富将产生深远影响。

4. 资源、能源和环境要素制约促进产业和产品结构调整

中国经济以高速度发展方式高速增长了20多年，在推动经济社会发展的同时，也面临严重的资源、能源和环境等要素瓶颈制约。新时代经济高质量发展方式突出重点之一是消耗节约、环境友好和社会和谐，传统产业和产品结构必须调整。民营经济灵活高效的市场化体制和机制，以及利基战略，将通过升级、转型、创新、并购、联合等方式，在业态调整中获得更多商机。

5. 法制、开放、公平的营商环境

民营经济诞生至今，其发展过程总是与问题和困难相随，已经取得的成就、奠定的地位和发挥的作用，与营商环境密切相关。新时代背景下，营商环境的改变将在有利于发展的前提下，更注重法制化，更突出开放性和公平性，这是中国强大的必然选择，也是经济发展的规律要求。民营经济的营商环境主要包括法制规范、行政许可、资源配置、市场竞争和社会文化，国家对此高度重视且已采取有力措施，并强抓落实，力求实效，全面改善营商环境，旨在为民营经济持续发展提供更好条件。

四、民营经济的发展战略和企业治理

一是集中要素资源，形成比较竞争优势，克服主营业务"初、杂、大"的短期逐利行为，坚持主营业务"专、精、强"的发展战略，实现持续稳定发展。

二是积极稳妥调整主营业务，创新业务向新领域、新行业、新产业、新模式、新市场发展，传统业务加快新技术运用，降低资源能源消耗，提高清洁化水平，增加价值含量和盈利能力。

三是主营业务主要坚持在实体经济领域深耕和积淀。因为实体经济是立足于供给和需求两端，是经济发展和价值创造的基础，也是民营经济基于市场生存和发展的主要领域。

四是坚持与国家发展和安全总体战略保持趋同性、从属性，主营业务不与国企主导的涉及国家战略和安全的行业、产业发生对抗性和争夺性竞争。

五是基于民营经济实力、能力和经验，在条件充分成熟的前提下，谨慎选择实施国际化投资战略。

六是严格控制对外负债，特别是对非金融机构的负债，创造条件实施直接融资，逐步实现资产证券化。

七是建立健全科学规范的法人治理结构，特别是不断加强决策、执行和监督的规章制度建设，坚持依法合规经营，防控企业法人和自然人的行为风险。

八是以诚信为本的契约理念和精雕细刻的工匠精神，铸就企业的品牌价值，不断提高企业的制度和人才优势，用诚信、责任、价值赢得市场的信任和尊重。

九是加强文化建设，不断提高企业和团队素质，艰苦奋斗，实干高效，勇于创新，牢记使命，敢于担当，把民营经济立于市场、归于社会的责任和创造文化，凝练成为中华民族的优秀文化代表和体现。

（本文数据源自国家统计系统和万得数据系统，
由何雨欣整理）

小额贷款公司的商业本质及发展趋势

2017年10月3日

　　小额贷款公司是自然人、企业法人与其他社会组织投资设立，不吸收公众存款，经营小额贷款的有限责任公司或股份有限公司。2010年以来，在经济转型发展，增长逐步放缓，中小微企业普遍遭遇融资难的背景下，由于市场需求的推动，小额贷款公司迅速发展。截至2017年9月，全国小额贷款公司达到8610家，从业人员107241人，实收资本8259.23亿元，贷款余额9704亿元，已逐渐成为对经济社会发展产生一定影响的金融服务行为。

　　由于小额贷款公司的本质属性和成长过程决定，再加上市场不成熟和监管不到位等因素影响，虽然小额贷款公司对疏解中小微企业融资难发挥了积极作用，但自身的经营发展不可避免地存在不少问题，其中，应该引起重视的主要包括变向集资、放高利贷、野蛮收贷、坏账率高、疏于监管等，给经济社会发展带来一定程度的负面效应，在一些地区甚至出现了影响社会稳定的现象。

　　发展小额贷款公司是金融市场的需要和金融体系完善的要求，

但小额贷款公司存在的问题必须有效解决，切实做到兴利除弊，促进小额贷款公司健康持续发展。本次讲座试从商业本质及发展趋势的角度对小额贷款公司进行分析判断，旨在为小额贷款公司的发展提供认识和实践借鉴。

一、小额贷款公司不是国家界定的金融机构

小额贷款公司主要分为有限责任公司和股份有限公司两种组织形式，注册资本一般为2000万元至3000万元，不超过20000万元，其制度、人员、设施建设应符合相关要求。小额贷款公司主要从事对所在地中小微企业和个体工商户提供短期、小额、信用贷款，一般贷款期不超过3个月，单笔贷款额不超过30万元，没有抵质押或担保征信措施，利率充分市场化。小额贷款公司严禁吸收公众存款，不能参与金融市场同业拆借，不得从事其他金融产品及其衍生产品的经营。

小额贷款公司由省级政府金融办（局）批准设立，省级金融办（局）是省级政府的职能部门，其主要职能包括协助国家金融监管部门对所在地金融机构的监管，负责所在地小额贷款公司的监管。值得注意的是，不能错误理解为小额贷款公司因为是省级金融办（局）批准设立，且从事金融业务，所以小额贷款公司是金融机构。更为重要的是，小额贷款公司虽然可以开展金融业务，是金融体系的组成部分之一，但没有国家金融监管部门授予的金融机构经营从业许可证，从政策和法规意义上表明小额贷款公司不是等同于银行和非银行金融企业的金融机构，仍属于一般工商企业。

二、小额贷款公司的经营资本由股东认缴和向金融机构融资

小额贷款公司的经营资本一部分来自法人或自然人股东以现金方式认缴（实收）的注册资本，但注册资本认缴（实收）出资不超过20000万元，另一部分来自向金融机构融资，但融资余额不超过资本净额的50%，意味着杠杆率不超过一倍，因此，小额贷款公司的经营规模在很大程度上受限于资本规模。2012年以来，一些地区对小额贷款公司的出资上限和向金融机构的融资要求有一定程度的政策松绑，也有一些小额贷款公司采取众筹、个借等形式变向扩大经营资本，但整体情形因基于国家金融风险控制没有根本性改变。

三、小额贷款公司的客户信用风险管控难度较大

小额贷款公司因实力和能力局限无法与银行和非银行金融机构竞争，其中客户结构主要是信用条件和征信能力脆弱的中小微企业及个体工商户，且大多数客户由小额贷款公司经过一般性了解而非正式尽职调查即自主择定。虽然小额贷款公司对客户的放款数额小，时间短，但多数缺乏抵质押和担保兜底，正常还款取决于客户的经营现金流、盈利性和诚信，特别是一些中小微企业和个体工商户一定时期不同程度存在融资成本比经营利润高，经营亏损比融资成本大，不停借钱不断还债的现象，导致小额贷款公司债务违约风险频发，而收债方式有一些是非商业或法律的野蛮行为。其结果是一方面小额贷款公司呆坏账增加，出现经营困难；另一方面解决债

务纠纷发生许多矛盾，所在地社会稳定面临挑战。

四、小额贷款公司的发展战略、决策和风控制度以及专业素质存在缺陷

小额贷款公司多数属民营控股企业，虽受商业本质属性和政策制度安排制约，但其发展战略却基于盈利水平和经营规模，而非助推普惠金融立足弥补市场遗缺，因此，小额贷款公司"小、专、精"发展的战略支撑力不足。一般而言，小额贷款公司的决策、风控制度均按相关要求建立和执行，但不完善，管理团队精干，主要管理力量集中在业务第一线，中后台管理力量相对薄弱，决策力和执行力在一定意义上取决于实际控制人，科学决策、正确执行、有效监督的体系和机制有待进一步健全。由于小额贷款公司平台效应局限，高中端专业人才加盟有许多障碍，基本团队的金融知识和经验有限，再学习和常培训机会不多，团队专业能力尚需不断提升。

五、小额贷款公司不是金融机构但从事金融业务的监管转变

2008年以来，为了促进小额贷款公司健康持续发展，全国一些省级政府陆续出台了《小额贷款公司管理暂行办法》，就其审批、经营、管理和监管等做出了相关规定。近10年来，所在地政府相关职能部门对小额贷款公司的监管发挥了重要作用，但系统性、规范性和专业性不足，而小额贷款公司自身信息不完整、不透明，存在

一定意义上发展超前、监管滞后现象。在缺乏全国性的统一规定，以及与金融行业监管差别较大的背景下，小额贷款公司作为一个新生事物，经历了挑战与机遇并存，喜忧参半的蹒跚成长过程，从监管意义而言，有经验值得总结，也有教训应该吸取。2017年，银监会和中央银行出台了《小额贷款公司管理办法（征求意见稿）》，相关规定进一步统一，主体责任进一步明确，监管强度进一步提高，旨在完善金融市场结构，维护金融市场秩序，防控金融体系风险。尽管如此，所在地政府职能部门对一般工商企业从事金融业务的监管，不可能完全等同于金融监管部门对金融机构的监管，小额贷款公司的监管转变有待实践检验。

六、小额贷款公司未来的发展趋势

小额贷款公司的法规定性和商业本质决定了小额贷款公司是金融体系的组成部分之一，是基于市场需求的"金融便利店"，现行政策并未改变且近中期没有改变政策的必然性因素，合法存续和持续发展前景不容置疑。小额贷款公司近中期发展趋势：一是以一般工商企业可以从事金融业务的形态存续；二是为所在地中小微企业和个体工商户提供小额、短期信用贷款服务；三是出资和融资规模逐渐提高，经营规模逐步扩大；四是对法人和团队实行要素指标体系和资质等级管理；五是法人经营管理信息完整真实，可以公开查询；六是按全国统一规定不断强化监管，重点是查处伪金融诈骗、非法集资和扰乱金融市场秩序。

随着经济高质量发展的切实推进，金融体系的不断完善和金融市场的进一步开放，政策制度安排将根据经济和金融发展要求调整。小额贷款公司中远期发展趋势：一是逐步发展成为乡村和社区银行或非银行金融机构；二是纳入金融行业监管，体现小微金融监管特色；三是互联网加"金融便利店"；四是商业模式标准化不断增强；五是资产证券化率进一步提高。

小额贷款公司未来的发展趋势主要由市场需求逻辑和金融监管要求两个因素决定。大量中小微企业、个体工商户是基于社会和民生长期存在的经济活动，因很难符合金融机构的信用和征信条件，几乎无法获得生产经营融资，而金融机构的战略、成本和效率不支持为低端小额市场提供金融服务，所以，市场需求和产品供给的必要性使小额贷款公司发展成为小微金融机构具备必然性。孟加拉乡村银行，美国、日本、法国等发达国家的小微金融为此提供了实证案例和成功经验。从本质上讲，金融活动中价值流通的系统行为，关系到国家安全、经济发展和社会稳定，必须循规蹈矩，严格监管。小额贷款公司发展成为小微金融机构后，必然全面纳入金融监管范围，目的是合规运行、管控风险、健康持续发展，但对小微金融机构的监管，将根据是否允许其吸收公众存款、参与同业拆借、异地设立分支机构和产品及模式创新的情况，在强度及方式上体现差别和特点。

（本文数据源自中国经济网）

上市公司的信息披露

2017年5月9日

中国资本市场已经走过30多年的发展历程，2016年在A股上市的公司已经超过3000家，总市值已经超过50万亿元，为经济社会发展提供了积极动能。随着资本市场的快速发展，相关制度如发行制度、交易制度等建设不断完善，包括上市公司信息披露制度的建立健全，为资本市场的有效、规范和持续发展提供了制度保障。上市公司信息披露制度是一项非常重要的制度，与资本市场、监管部门、中介机构和投资者等密切相关。本次讲座将以理论与实践相结合的方式讨论上市公司信息披露。

上市公司的信息披露是资本市场发展到一定阶段的必然产物，是上市公司与资本市场相互联系、相互作用的逻辑表现，是保障投资者利益，履行上市公司义务和责任，接受社会公众和监管部门监督的制度安排。按照信息披露的要求，上市公司必须全面、真实、准确、及时将其经营状况、财务变化、重大事项等信息和资料，向监管部门和证券交易所报告，接受监督，并向社会公开或公告，让投资者充分了解。上市公司信息披露源于英国，1720年，英国南海公司向英国国会推出股票换国债计划，引发全民炒股，英国南海公司股票6个月狂涨超80倍，2个月暴跌近80倍，不少投资者血本无归，导致政府信用危机和社会动荡，英国国会为此制定了《1720年欺诈防止法案》，继后英国国会制定的《1844年英国合股公司法》首次确立了强制性信息披露原则。1929年，因为非法投机、欺诈与操纵行为，美国做了一个噩梦，发生了人类历史上第一次股灾，10天时间资本市场股票市值蒸发超50%，如美国钢铁公司股价从262美元跌至21美元，美国通用汽车公司股价从92美元跌至7美元。这次股灾直接导致美国和全球经济进入为期10年的大萧条。为此，美国联邦政府分别于1933年和1934年颁布了《证券法》和《证券交易法》，首次规定上市公司必须实行财务公开制度，被认为是全球最早的信息披露制度。

20世纪30年代以来，关于上市公司信息披露的理论问题已经在学术界开展，到20世纪中后期，相关学者基于上市公司与法律、社会及经济特别是资本市场和投资者的关系进行了研究，在分析和总结实践经验的基础上，从不同方向和视角提出了相关学说，其中，体现经济学意义的有效市场理论最具代表性。在吸取相关学者研究成果的基础上，法国数学家路易斯·巴舍利耶于1970年提出的有效市场理论揭示，在资本市场投资行为理性，股票交易反映供需平衡的前提下，所有可获得的信息充分影响股票价格，但投资行为并非完全理性，非理性投资行为并非偶然且影响股票价格。从提高资本市场的有效性角度讲，根本问题就是要解决股票价格形成过程中在信息披露、信息传输、信息解读、信息反馈等各个环节出现的问

题，其中，最关键的一个问题就是建立上市公司强制性信息披露制度。公开信息披露制度是建立有效资本市场的基础，也是资本市场有效性得以不断提高的起点，市场有效理论为此做出了重要的理论贡献。随着资本市场的持续发展，相关理论研究随之相继深入，实践与理论的相互促进，将推动资本市场不断创新，不断完善。

信息披露制度是以上市公司为主线、由多方主体共同参加的法规性制度。从各个主体在信息披露制度中所起的作用和地位看，大体分为四类：第一类是信息披露的重要主体，即监管机构和政府部门，所发布的信息往往是有关资本市场政策性和制度性的重大信息，如行业政策调整、监管指导意见和行政处罚决定等，特别是监管机构，在信息披露制度中既是信息披露的重要主体，也是有关信息披露的法规得以实施的保障机构；第二类是信息披露的主要主体，即上市公司，信息披露是上市公司依法承担的义务和责任，所披露的信息主要是关于自己以及与自己有关的信息，包括定期信息如季度财务报告和年度审计报告等，临时信息如再融资报告和资产重组报告等；第三类是信息披露的特定主体，主要是资本市场的投资者，一般没有信息披露的义务和责任，而是在特定情况下，才履行信息披露的义务和责任，如权益变动报告书等。第四类是相关主体，即相关组织及中介机构，有时也根据信息披露制度要求发布相关信息，如股票交易制度的改革、独立法律或会计意见等。除第一类重要主体外，其他三类主体的信息披露一般都会经过证券交易所的合规审查，在指定媒体或网站发布。

中国证券监督管理委员会制定的《上市公司信息披露管理办法》是上市公司信息披露的法规依据。该法规对上市公司信息披露的要求、内容、形式、管理、监督、责任等进行了详细规定，其中重点阐明：信息披露是上市公司的义务和责任，上市公司董事长、总经理、董事会秘书是主要责任人，董事会秘书同时是具体负责人；信息披露必须真实、准确、完整、及时和公平，不得有虚假记载、误导陈述或者重大遗漏；对违反信息披露管理办法的上市公司和相关人员给予相应的行政处理、行政处罚、经济处罚，涉嫌犯罪的依法移送司法机关追究刑事责任。实践表明，在资本市场发展取得巨大成就的同时，上市公司信息披露存在的突出问题也应高度重视，主要集中在三个方面：一是重大事项隐瞒或遗漏，如重大担保、抵（质）押，法律诉讼、关联交易、资金使用等未披露或未及时披露；二是虚假记载或误导陈述，如虚增减收入、成本及利润等，或对新技术、新产品、发展前景等的夸大化、模糊化、多解性、非显性等陈述，未充分揭示风险，影响投资者价值判断等；三是利用或泄露重大内幕信息，影响资本市场股价，买卖股票牟利。虽然监管机构对上市公司信息披露实施了严格监管，对相关问题进行了严厉查处，但从根本上管控上市公司信息风险还有待于相关制度的完善和创新，有待于资本市场行为主体法规意识、素质、责任的加强和提高。

　　美国在总结1929年和1987年两次股灾惨重教训的基础上，不断加强资本市场各项制度建设，尤其是上市公司信息披露制度的建设。美国上市公司信息披露制度主要包括严密完善的法律规定、严谨详尽的行为准则、严厉明确的责任追究、准确及时的监管机制，旨在构建法制、规范、公开、公平和责任的资本市场。正是基于制度的先进性和成熟性，美国资本市场成为全球最发达、最自由，

同时也最完善、最严格的资本市场之一，为全球资本市场发展提供了制度建设启示。加快完善多层次资本市场体系，充分发挥资本市场优化配置资源的作用，积极促进经济社会持续健康发展，是中国资本市场的使命和责任，对上市公司信息披露制度建设提出了新的更高的要求。从中国资本市场发展的历史和未来看，上市公司信息披露发展的趋势主要包括三个方面：一是加强相关制度建设，包括法律制度、合规制度、管理制度等，如扩大强制性信息披露内容和范围，提高体例化、格式化、标准化信息披露的要求等；二是加大信息披露主体责任，主要是针对上市公司管理层的尽责，如虚假、隐瞒、遗漏或泄露内幕信息，从法律、行政、经济等意义上加重处罚力度；三是改变监管模式，构建防范、过程、穿透、全面监管格局，如加密例检、临检、巡检，发布合规记录，针对易发、多发风险源设立经常性管控机制等。

董事会秘书是上市公司的高级管理人员，主要职责之一是负责信息披露。从上市公司角度看，做好信息披露，最重要的是根据证监会、交易所的规定和要求，制定并严格实施信息披露的管理办法，其中，要增强高级、中级管理人员的义务和责任意识，列明涉及信息披露的相关事项、触发和反馈机制、相关部门和岗位的职责，防止被忽略导致的遗漏。从董事会秘书角度讲，首先要完善知识结构，特别是增强法律和财务知识；其次要建立与交易所和当地证监局的经常沟通机制，主动接受监管指导，赢得理解和支持；最后要参与重大决策，了解企业生产经营情况及投资者诉求，为做好信息披露奠定坚实基础。实践表明，监管部门对上市公司是基于合规的监管，而上市公司的信息披露是合规监管的重点，信息披露的本质是将上市公司的情况真实、负责地告诉资本市场。这是市场化配置资源的必然要求，因为投资者分析选择上市公司的主要依据来自信息披露。随着资本市场的不断发展，信息披露的制度将更加完善，上市公司信息披露的质量和合规记录，将决定其在资本市场的价值判断。

参考文献：

1. 李国运：《美国资本市场信息披露制度监管体系研究》，载《财会通讯（学术版）》，2007年第6期。
2. 谢清喜：《我国上市公司信息披露的有效性研究》，中国农业大学出版社，2006年版。

现代职业经理人的成长

2016年9月6日

职业经理人亦为职场精英，被视为特定阶层，蕴含经济、政治、社会、文化等要素，是中产阶级代表性群体，也是国家和民族能力的展现。职业经理人是社会财富的创造者，也是文明进步的推动者。从全球商业发展实践和管理学意义揭示，企业的竞争取决于职业经理人的强大，企业的成功取决于职业经理人的优秀。职业经理人的成长，不仅是个人和企业价值的选择，也是国家和社会对财富贡献的要求。

中国没有经历第一次和第二次全球工业革命，因此工业文明积淀不足，职业经理人团队建设起步很晚，一般认为始于20世纪80年代末。长期以来，中国企业经营管理能力与美国、日本、德国等发达国家相比，最根本的差别是职业经理人的地位和作用，以及职业素养和专业技能的差别。研究和促进职业经理人成长，对提高企业经营管理水平非常重要。

一、什么是现代职业经理人

职业经理人从本质上表现为从事企业经营管理的自然人。从职责来划分职业经理人，可分为高级职业经理人和中级职业经理人。传统职业经理人注重专业知识和技能，现代职业经理人强调复合型和开放型。职业经理人的劳动价值体现主要为企业支付的薪酬，同时也体现精英阶层的社会和文化价值。

职业经理人的概念始于18世纪中期的美国，基于企业的专业化经营管理。职业经理人的发展与工业化、公司化、市场化的进程密切相关，经历了专业化、职业化、现代化的成长历程。21世纪以来的企业实践表明，企业经营管理水平和市场竞争能力的高低和强弱，在很大程度上取决于职业经理人团队的品质和能力。

二、现代职业经理人的基本要求

现代职业经理人就职管理岗位，拥有权力，肩负使命，担当责任。虽然不同管理岗位有不同的专业要求，但相同的基本要求是必须具备品德好、能力强两个基本条件。

具体归纳起来讲，现代职业经理人应有"两个经历"，即教育经历——系统的基础理论、扎实的专业技能、一定的复合知识、持续的学习能力；职业经历——基层工作的经验积累、跨区域跨行业的职业沉淀、多岗位多层级的职责历练。现代职业经理人应具备"四个能力"，即决策能力——重大事项的认识、分析、判断和选择能力；执行能力——既定目标的要素配置、战术调整和组织实

施能力；组织能力——编制、管理、指挥、调整和督促能力；协调能力——沟通、公关、平衡和妥协能力。现代职业经理人应具备"四个素养"，即道德素养——正确的、积极的行为规范和价值取向；专业素养——专业知识、专业技能和专业精神的积淀；文化素养——文化底蕴、审美情趣和人文情怀的陶冶；风格素养——干练、高效、务实、坦诚、兼容。

三、现代职业经理人的主要特征

现代职业经理人在企业管理体系分别扮演决策、执行和监督的角色，不同角色既有区别，也有联系，其岗位职责和职业特征主要表现为：就职——书本知识→行业经验→商业智力→工作能力；履职——领导决策→组织执行→参与执行→监督执行；业绩——目标导向→权力分配→责任担当→绩效分享；担责——员工诉求←股东利益←职业经理→法律制度→社会责任。

现代职业经理人的权力是企业股东和董事会授予的，对权力的使用，必须符合法律法规的要求，也要受企业制度的约束，还要被企业机制监督。现代职业经理人的权力不代表个人利益，更多是表现企业利益行为和个人责任。

在技术和智力密集型行业，现代职业经理人基于自身发展、利益和风险而流动较高，正常流动符合人力资源管理原则，有利于现代职业经理人在市场竞争中成长；非正常流动则因行业积累、战略支撑不足，职业话语权和影响力受限，很难成长为职业精英。

四、怎样成为卓越的现代职业经理人

要成为卓越的现代职业经理人，关键是主观努力，重要是客观机会。在现代职业经理人成长过程中，要做好以下事项。

1. 坚持学习

通过书本、培训、讲座、交流等方式，优化知识结构、强化专业知识、拓展相关知识、丰富知识领域、提供能力支撑。扎实的基础、专业知识以及丰富的前沿新知识，是现代职业经理人的能力保障、智慧源泉、安身立命之基、驰骋职场之本。

2. 勇于实践

通过轮岗、挂职、兼职、参观、考察等方式，积累基层工作经验，增强行业资讯积淀，奠定丰富的实践经验基础。丰富的行业经验对现代职业经理人而言，既意味着机会，也意味着挑战；既代表能力，也代表财富。

3. 执着追求

现代职业经理人要强化坚持不懈、不怕困难、坚定信心、大胆探索的精神。现代职业经理人的成长过程充满艰辛坎坷，具有不确定性，只有不退缩、不懈怠，砥砺前行，才能取得成功。

4. 树立强烈的事业心和责任感

现代职业经理人要以既定目标为导向，以勇于担责为己任，把事项干成、干好。

5. 坚持按规矩管人和办事

建立健全相关制度和机制，努力形成高效、有序、透明的经营管理运行体系。

6. 坚守法律和道德的行为底线

现代职业经理人要强化自律，敬畏他律，促进人生价值的实现，从自由走向必然。

7. 做好职业规划

现代职业经理人的职业规划包括学习和生活规划，减少盲目性，增强自觉性和计划性。现代职业经理人既要志存高远，也要脚踏实地，立足于真才实干。

8. 正确处理权、责、利之间的关系

现代职业经理人不滥用权力，不以权谋私，自觉接受监督；履职尽责，敢于担当；不搞权力寻租，不谋不当利益。

9. 保持良好心态

正确看待和处理现代职业经理人间的竞争，要求认真努力工作，但不主张经常加班和"拼命"工作。科学处理学习、工作、娱乐和生活的关系，保持健康愉快的心境，避免只顾搞好工作，却搞坏家庭、搞垮身体。

10. 强化人格魅力

现代职业经理人用才华、风格、气质和精神，形成强烈的感召力，提高价值认同。

11. 遵从职业道德

现代职业经理人职业道德的最低标准是不违反法律法规，不损害企业利益；最高标准体现为责任，要从经营管理行为中切实体现"权力即为责任""卓越源于责任"。

五、现代职业经理人的发展趋势

21世纪以来，随着各种行业的不断发展和提高，对企业管理团队提出了新的专业化和职业化要求，现代职业经理人的地位和作用更加重要，现代职业经理人作为精英阶层将在传统意义基础上出现分化，基本趋势如下：

一是股东背景的职业经理人。部分资深职业经理人以其技术、管理、资源等优势已经成为企业生存与发展的关键因素，企业采取共同分享预期价值的长效激励机制，使其既是高管又是股东，以利长期为企业贡献忠诚和智慧，如折价定向增发股份或定向增资扩股，让部分资深职业经理人成为股东，并享受定期定比现金分红。

二是合伙人背景的职业经理人。在新经济、新产业、新技术、新模式快速发展的影响下，政策制度已经出台，实践中正在积极尝试合伙制企业，部分核心出资人以既是出资者又是经营者的双重身份，扮演赋予新内涵的职业经理人角色。其最大差异在于，股东背景的职业经理人仅承担企业债务的有限责任，权益股份化且可自由流动；合伙人背景的职业经理人对企业债务承担无限连带责任，权益证券化有障碍且自由流动受限。

三是专业团队背景的职业经理人。除以上意义的职业经理人之外，更多的是有专业知识和技能，从事专门事项管理的职业经理人，如技术管理、供应链管理、新产品研发管理等。为了适应未来市场竞争，企业传统组织架构的创新优化已付诸实践，其中项目经理团队制正在冲击企业传统的部门岗位职能制，二者比较，项目经理团队制几乎没有行政色彩，市场化和专业化程度，以及效率更高，未来企业传统的部门岗位职能制是否被取代，具有重大不确定性，但专业团队背景的职业经理人对企业生存发展的重要性会更加突出。

参考文献：

1. （美）约翰P.科特：《权力与影响力》，机械工业出版社，2013年版。

2. 李锡元、李云：《中国职业经理人的成长——现状、理论与机制》，科学出版社，2012年版。

企业使命与责任的托付

——领导力建设

2016年8月8日

20世纪末，在实行改革开放和发展商品经济的背景下，企业领导力概念和理论从西方进入中国。经过近20年的相关研究和应用，企业领导力作为管理学的重要范畴，学术界和企业界已经在国际与国内结合、理论与实践结合等方面取得了许多成就。但从更多层次、更宽领域研究和应用企业领导力，仍然是一个逐步深入的长期过程。

企业领导力作为管理学的分支，是一个理论与实践相结合，重在实践的课题。结合国际国内学术成就、实践经验和切身感悟，进行广泛深入交流，为企业领导力的研究和应用提供有益借鉴，促进更多的企业管理水平不断提高，加速缩小与国外企业管理的差距，用企业领导力的竞争赢得市场化、国际化的竞争，具有理论和实践意义。

　　企业领导力涉及内容非常丰富，学术界和企业界从不同角度、不同意义上研究和应用形成的观点及理解有较大差异。本次讲座讲授的企业领导力，将基于具有现代法人制度，立足市场竞争的企业，根据企业领导力建设的法律、经济和社会背景，力求更严谨、更准确地揭示其本质属性、基本规律和发展趋势。

一、企业领导力的概念

　　国外相关学者对企业领导力理论的系统研究始于20世纪初。迄今为止，国际国内学术界和企业界对企业领导力概念并未形成归纳和表述上的统一，主要原因是企业领导力属于管理行为学，从不同意义、角度研究和运用，很难产生相同的认知和结论。这种状况并不影响从本质和实践意义上对企业领导力的概念进行再研究。

　　企业领导力的概念目前主要有：一是个体引导团队活动朝向共同目标的过程；二是为实现组织的目标而运用权力施加影响力的行为；三是激励他人自愿地在组织中做出卓越成绩的能力；四是创造持续的企业核心竞争力。从企业实践意义上分析，上述企业领导力的概念具有积极性和建设性意义，但在完整性和准确性等方面存在一定程度上的局限。

　　综合相关研究成果和实践经验，企业领导力完整准确的概念可表述为：企业高管团队用权力影响企业生产经营战略发展的行为及过程。企业领导力的概念可展开理解为实施企业领导力的主体是企业高管团队，企业领导力必须具备权力条件，企业领导力是对他人和事物的影响表现。企业领导力不仅对企业内部而且对企业外部产生影响；企业领导力不仅是团队能力，也是个人能力；企业领导力既是行为，也是过程。

企业领导力包括决策力，但不等于决策力，因为企业股东大会是最高权力机构，企业的重大决策不完全属于企业领导力的范畴。企业领导力包括执行力，但不等于执行力，因为企业领导力的权力来自企业股东大会和董事会授予，其职责之一是执行股东大会和董事会决定。企业领导力是权力行为，但不完全是权力行为，因为企业领导力包括非权力行为的影响力，即高管团队的人格魅力等。

企业领导力影响的对象是企业的经营管理和战略发展，属于经济行为、法律行为，不属于政治、行政以及其他非经济行为。因此，企业领导力的本质属于经济活动，但要服从法律规范。

企业领导力是被授予有时间界限、行使范围的影响力，通过管理团队的个体行为按整体安排和职责要求表现，既是职务行为，也是人文行为。

二、企业领导力的主要理论

企业领导力的理论研究始于20世纪初，经过100多年对企业领导力的研究，国际国内学术界和企业界取得了比较丰富的成就，迄今已经形成了多个学派及其理论体系。这些学派从不同层面、意义和角度对企业领导力进行了理论阐释，为企业领导力的应用实践提供了有益的认知基础。随着实践的不断深入，对企业领导力的发展提供了更加丰富的内容，企业领导力的理论研究将在实践基础上不断提高和更加完善。

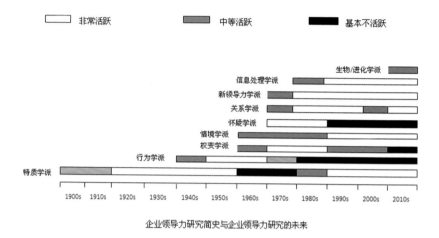

企业领导力研究简史与企业领导力研究的未来

（1）生物/进化学派：该理论主要从社会生物学角度理解企业领导力，包括遗传学、荷尔蒙等对企业领导力的影响，男性与女性在企业领导力上的差别。其中最主要的研究方向是基于企业领导力当中的个体差异性，具有一定的理论意义，在企业领导力应用实践中，已经引起关注。

（2）信息处理学派：该理论从信息处理的角度研究企业领导力，起到了主要推动作用，研究的重点是企业领导者为何以及如何使自身的特征与追随者的原型预期保持一致的方式，同时包括认知信息以及情感对企业领导力的影响。该理论对企业领导力的交流影响产生了积极的实践意义。

（3）新领导力学派：该理论提出了变革型领导力模式，认为需要一种不同的领导力模式来解释追随者是如何在目的和理想化使命的感召下取得成就的。该理论的研究角度着重从目标导向和激励推动两个方向深入进行，在企业领导力应用实践中具有积极指导意义。

（4）关系学派：该理论从领导者和被领导者之间关系的本质着手，提出了二者之间需建立相互信任和相互尊重的基础关系，而不仅限于履行合同的义务。这也是高质量的领导者和忠实的追随者之间关系的条件之一。关系学派为企业的团队建设从上下级关系角度提出了理论思考和实践指引。

（5）怀疑学派：该理论采用了更加严格的研究方法，区分了高层领导力和监督领导力，研究了追随者及其感知现实的方式，同时从信息处理角度考察了领导力。怀疑学派的本质认为领导者的所作所为在很大程度上可能无关紧要，是因为领导者的成就影响了追随者对领导者的评价，在一定程度上体现了"成败论英雄"的重结果、轻过程的观点，从质疑领导力的角度更进一步说明了领导力即为影响力。

（6）情境学派：这是与权变运动相关的一个学派。该理论认为，情境因素似乎能够引发或抑制某些领导者的行为，甚至是作为行为前因的性格要素，包括阶层、民主、文化、性别、伦理道德等。该理论的核心思想是情境因素与领导力是交织在一起的，而领导力的强弱在一定程度上与某些领导者个人的生存环境和后期修养有关。

（7）权变学派：该理论认为领导者和被领导者的关系、任务结构以及领导者的职位权力，决定了实践中不同领导力类型的有效性。该理论重点研究追随者的能力、组织结构、工作程序等因素，对管理学中重制度管人，而不是人管人提出了新的诠释视角，对企

业领导力的应用实践提出了"游戏规则"框架内的高效、有序影响力的进一步思考。

（8）行为学派：该理论重点研究了领导者行为的风格及工作方式，并提出了体谅型、支持型与指导型的领导者的行为模式。该理论因为没有一致性证据表明一度陷入窘境。但从应用实践角度来看，领导者的行为风格和工作方式对领导力的充分展现意义重大，直接关系到影响力的成效，以及团队的兼容性和凝聚力。

（9）特质学派：该理论认为稳定的个性特征或特质是将领导者与非领导者区分开来的关键因素，提出了包括智力、背景、社交、个性、工作、身体在内的领导者六个特质，认为领导者的这些特质直接关系其领导力强弱和大小，并且用元分析法进行了测算。该理论对企业领导力中领导者个体的能力和影响因素进行了深入研究，对构建企业领导力提供了有益借鉴。

三、企业领导力的逻辑关系

（一）企业的使命和责任是企业领导力的前提

企业是合法出资人（法人和自然人）基于真实意愿，经过行政许可，从事商品生产经营的商业组织。企业的使命是创造价值（物质和精神）。企业的风险是承担责任（经济、法律和社会）。企业的价值是财力、智力和人力资本融合共同创造的（股东、管理者和员工）。企业领导力是基于企业管理和发展需要提出的，任何非企业组织、单位和部门的领导行为，不属于企业领导力研究和应用的范畴。

企业领导力研究和应用的误区之一是将党政机关、行政化管理的部分国有企业的领导行为与企业领导力不同意义和程度混淆，把部分相同、相似视为等同，扭曲了企业领导力的本质和规律。企业领导力是商业资本按相关法规授予的特定权力，体现商业意志；非企业领导力是政治组织按相关法规授予的公共权力，体现政治和公共意志。

研究企业领导力，必须以企业为前提和对象，深入探讨企业领导力的本质、特点、规律和发展，旨在造就科学、卓越的企业领导力，促进企业做大、做强、做精，可持续健康发展。应用企业领导力，关键在从制度设计，高管团队选拔、培养、使用和监督等方面深入探索，形成比较优势和竞争力。

（二）企业领导力基于权力、责任、利益相结合

企业领导力的实质是运用权力，承担责任，分享利益。没有权力，不可能实施企业领导力；不承担责任，违背了企业领导力的宗旨；没有相应的利益，不符合企业的基本价值准则。企业领导力行为的主体即企业高管团队，是权力、责任、利益相互匹配、融合协调的整体，不可偏废，否则企业领导力将会异化，最终会影响企业经营管理和战略发展。

（三）企业领导力源于法规界定和股东授予

企业领导力行为的主体的权力不是企业高管团队自身固有的，而是按照相关法规，由企业股东根据企业经营管理和战略发展需

要，采用一定形式，通过一定程序授予的。企业领导力必须在企业法人治理框架内授权运行，不予授权、授权过度、授权不足、授权不明等都会影响企业领导力。

（四）企业领导力体现为企业高管团队的职责

根据相关法规和企业章程规定，由企业股东会和董事会决定聘用的任职人员即为企业高级管理人员。企业高级管理人员因为有股东会和董事会授权的职责，因此高管团队是企业领导力的行为主体。中管团队的职责是组织执行和参与决策，是执行力的行为主体，不应该被理解为企业领导力行为主体的组成部分。

（五）企业领导力是企业高管团队的整体行为

企业领导力作为企业高管团队行为，必然是在法人治理框架下统筹安排、具体分工、总体协同的整体行为，主要体现在任何企业领导的主体行为中的个体行为，都是企业行为的体现，只不过主要领导者和其他领导者的权力和职责不同。如果企业领导力不具备整体合力，则将因此扭曲和影响企业领导力的作用。企业领导者在企业领导力中因能力和职责差别，将发挥个人影响力，但并不代表企业领导力，因为其仅是企业领导力中的有机组成部分。

（六）企业领导力对企业内部和外部的影响

在应用实践中，企业领导力一方面对企业内部的他人和事务产生影响，并从人、财、物，供、产、销等方面表现，并集中在战略、制度、分配、用人及其他统筹协调等。另一方面，企业领导力对企业外部包括法规执行、行政许可、公共关系、市场竞争、商业交流等方面，从企业发展和竞争的意义上产生影响，旨在为企业赢得有利的行政、社会和市场环境。企业领导力的影响，并非领导者个人意志，但与领导者个人素质和能力密切相关，且关系到影响力的效果。

四、企业领导力的基本条件

企业领导力的理论和实践表明，领导者必须具备相应的自身条件，才能有效行使权力，承担责任，组织和带领企业实现既定战略目标。不同企业，不同领导岗位，对领导者具备的自身条件不尽相同，这是由企业的性质、行业和战略决定的，也是由企业与领导者双向判断，有条件选择的。企业与领导者之间具有相互依存的紧密关系，但双方的依赖度却因为企业的性质不同而存在较大差别，这种差别直接关系到企业领导力的构建，以及企业的发展。换句话说，企业领导力与企业和领导者是有条件的统一。

企业领导力的自身条件虽然因企业和领导者不同有差别，但基本条件可归纳如下，见下图：

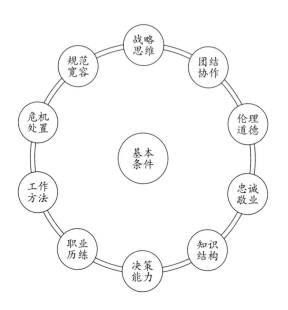

　　企业在强调企业领导力的基本条件的同时，也应高度重视企业领导力的诉求，主要包括事业平台、才华展现、价值回报、信任尊重、情感归属。对企业而言，企业领导力的诉求既有当期性，也有中长期性。因为企业对领导力提出了必备的基本条件，反过来企业也应该为企业领导力创造必备的相关条件。在市场竞争条件下，企业的相关条件和企业领导力的基本条件是不可回避的，在一定意义上可以转化为企业竞争力，因为企业竞争的本质是人才的竞争。

五、卓越企业领导力的体系建设

（一）卓越企业领导力是企业的制度安排

企业高管团队及其权力是企业股东会、董事会聘任和授予的。卓越的企业领导力首先来自先进科学的企业制度，包括股东会、董事会、总经理办公会规则，还包括人权、财权、事权等相应的管理制度，切实做到有章可循，高效有序，使决策、执行和监督，以及奖励和处罚有机结合。卓越企业领导力最大的挑战是避免决策失误，有效防控道德风险，因为决策失误是重大的或战略性的，道德风险是最难防控的。

（二）卓越企业领导力是企业的价值判断

企业领导力的行为主体是企业高管团队。对高管团队的选择，包括职位、职数、授权等，均基于企业对高管团队的价值判断。选错人和用错人对卓越企业领导力都是相悖的。在市场竞争和专业化经营、职业化管理的背景下，高管团队或由更多职业经理人担任。对职业经理人的价值判断，既要有道德和能力标准，又要有激励和约束机制，还要有共同创造价值、共同分享价值的制度供给。

（三）卓越企业领导力是企业的战略选择

企业是创造价值的事业，卓越企业领导力是企业价值创造的关键力量。企业股东必须尽其所能，全力打造优秀高管团队，致力构建卓越企业领导力，最大化激发商业精英的智慧、勤奋和忠诚。这

是企业最大化盈利和可持续发展的重要保障。卓越企业领导力从企业和高管团队两个方面都要摒弃"雇用思想"和"短期行为"。卓越企业都是因为有卓越企业领导力。

（四）卓越企业领导力须高管团队自我超越

卓越企业领导力意味着高管团队必须优秀：第一，连续的、系统的基础教育；第二，专业的、丰富的行业经验；第三，强烈的、正确的价值追求；第四，高尚的、积极的道德情操；第五，坚韧的、持续的创新精神；第六，广泛的、开放的学习态度。对于高管团队的自我超越，企业应有战略性的制度安排；同时高管团队应有主动的进取诉求。优秀的高管团队，总是他律和自律的结果。

（五）卓越企业领导力须高管团队精诚协同

企业高管团队是由若干个体组成，不同的教育、文化、生活、社会、性格等背景差异明显。要做到精诚协同需要解决的问题很多，最重要的是工作机制设计、"一把手"率先垂范、"副手"的职责意识和协同精神。总体要求是"一把手"要英明，"副手"要精明。卓越企业领导力最关键的是企业高管团队要团结，而高管团队的团结最重要的是取决于"一把手"。卓越企业领导力要求"一把手"胸怀宽广，处事公正，用人之长，容人之短，兼听善断，坚持原则，敢于担责，具有全局和战略意识及思维。

（六）卓越企业领导力与集团化企业的科学管理

集团化企业是由多个法人企业以股权为纽带组成的，卓越企业领导力从总部角度在集团化企业中的体现主要是重大决策实施、基本制度制定、高管人员聘用、重大行为监督和重大事项协调。卓越企业领导力从总部角度的影响力并不是直接替代，而是将影响力通过成员企业的法人治理制度和程序，以目的为导向组织实施。这既是相关法规的要求，也是尊重和调动成员企业积极性的有效形式。让所有人充分理解企业领导力并为之全力工作，是卓越企业领导力的重要标志。

六、卓越企业领导力的评价要素

企业领导力是否卓越，可以采取定量与定性相结合的要素评价。在实践中，上市企业目前都建立了内控制度，独立第三方中介机构对内控制度执行情况的审计和评估，在很大程度上可以衡量企业领导力，且具有公允性和客观性。非上市企业普遍实施的绩效考评和内部审计，在一定意义上可以反映企业领导力，但存在较大局限：一是自我评价客观和公允性不足；二是没有从战略、整体以及过程等方面全面评价企业领导力。

把卓越企业领导力的行为、过程及结果要素化，进行定量和定性评估，评价结果不管是来自自我还是第三方中介机构，都具有真实性和合理性，在实践中被普遍采用。卓越企业领导力的要素很多，从理论研究到实践经验的意义分析，特别是从可操作性角度选择，卓越企业领导力评价的基本要素可包括战略引导、制度供给、市场竞争、风险管控、合规管理、工作绩效、团队及文化建设、企业形象及社会责任等8个要素。卓越企业领导力的评价整体要求是既看重结果，也看重过程；既表现当前，也表现长远；既关注局部，也关注整体。

（1）战略引导。企业战略是企业经营、管理和发展的整体性规划过程，它决定企业的方向、目标和途径，也决定企业的要素匹配，包括人、财、物等。企业的管理、竞争和制胜在一定意义上取决于战略引导。卓越企业领导力的首要任务之一，就是制定并实施科学的企业战略，并在同行业具有突出的比较优势。企业领导力最大的缺失之一就是企业的战略定位不明，战略管理不力，从而导致企业要素匹配失衡，很难甚至无法实现既定战略目标。

（2）制度供给。企业制度是企业组织、经营和管理的行为规范和模式。制度供给主要来自三个方面：一是相关法规要求的规范制度；二是基于经营管理和发展需要的基本制度；三是做好相关工作的流程和机制。卓越企业领导力要求运用各方面条件，力求企业制度先进、完善、高效率、可操作，形成企业整体行为的效率和有序高度融合。制度管人、照章办事，是卓越企业领导力的重要表现。实践中，制度供给的误区之一是制度缺陷，导致无章可照、有章难循、违章不究，甚至企业领导者随心所欲，恣意行事，削弱了企业制度的竞争力，制约了企业发展。

（3）市场竞争。企业市场竞争的本质是争取优势地位和有利条件，最终实现商业利益最大化。企业的市场竞争力表现了企业的综合实力，但核心竞争力却来自企业领导力，因为卓越企业领导力是将企业的资源要素优化集合，形成比较商业优势，从而赢得市场竞争，包括技术、品牌、客户群、成本控制和市场机会等。市场竞争本质上是企业人才竞争，企业领导力是否卓越的标准之一，是培养和造就一大批技术、管理、营销等精英。企业的所有行为特别是企业领导力都要立足于并且落脚在提高市场竞争力上。

（4）风险管控。风险管控的目的是采取多种有效措施和方法防止风险事件发生，或减少风险事件造成的损失。因为企业是承担风险的事业，风险无处不在，可控的风险即为安全。有效管控风险是卓越企业领导力的能力和责任所在。在实践中，对行为风险管控的有效方法之一是实行事权和财权流程化、层级化节点控制，其目的在于易于发现风险，阻控风险，防止风险传递和扩大化。卓越企业领导力对企业重大事项应实行独立的风险评估制度，防止对事项认识本身的局限而导致重大风险隐患。对道德风险的防范要基于自律（道德和责任）和他律（授权和制度）双重机制。

（5）合规管理。合规管理是基于相关法规和企业制度的管理，也就是要求严格执行法规和制度，在上市企业、金融企业和跨国企业中已经普遍实行，而其他企业相对较弱。合规管理通常由总部机构或独立第三方中介机构对企业进行合规审计，这是规范企业行为的重要保障。卓越企业领导力在合规管理上首先应表现出率先严格执行相关法规和企业制度，并要求全员严格遵守规章制度，防止"没有（不守）规矩、不成方圆"，更重要的是要在工作机制上确保"没有（不守）规矩、办不了事"。所有人都做正确的事，是防控风险的最有效的保障。

（6）工作绩效。工作绩效通常表现为可以进行定量和定性评价的工作成绩。评价企业领导力应该采用以结果为导向的工作业绩表现，其中包括企业整体、高管团队和若干部门、单位和个人的工作业绩表现。绩效考评的方法很多，就企业领导力而言，比较通行

的是既定工作目标与权重系数相结合按分值考评，分年度进行，虽不完全以此作决定，但一定程度影响任期工作目标。这是对卓越企业领导力最直接的价值判断。卓越企业领导力应当把当期工作目标和长远工作目标、局部工作目标和整体工作目标相结合，统筹兼顾。特别是在企业升级、转型、并购重组和市场重大变化的背景下，更应该合理安排工作目标，促进企业稳定、可持续发展。

（7）团队及文化建设。团队建设的核心是提高工作技能，增强凝聚力、积极性和归属感。文化建设的核心是培养正确的价值观和行为观。管理企业就是管理团队，企业竞争就是团队竞争；企业的文化既是企业的价值品牌，也是企业的最终竞争力。卓越企业领导力不仅是从权力意义上管理好人、财、物，更重要的是从价值高度使用好人、财、物，形成效率更高、竞争力更强的商业力量。卓越企业领导力应该表现在对企业团队和文化的培养和提高，并且应该有相应的制度供给和经常性项下的管理安排，让企业的"软实力"有效转化为"硬效益"。

（8）企业形象及社会责任。企业形象是社会对企业感知形成的价值判断，是企业的能力、实力及责任的外化表现。企业社会责任主要表现为对相关利益者影响的考虑，对公益慈善事业的态度。卓越企业领导力在为企业创造商业价值的同时，应该为国家奉献社会价值，努力使企业成为可信赖、受尊重的社会成员。在实践中，企业形象及社会责任是企业致力追求但差距较大的普遍问题，原因很多，其中重要的是企业领导力在此方面影响度不同。社会更多的是从企业形象及社会责任来判断企业的价值，也从这种意义上判断企业领导力。

参考文献:

1. （美）辛西娅·D. 麦考利、D. 斯科特·德鲁、保罗·R. 约斯特、西尔维斯特·泰勒：《美国创新领导力中心历练驱动的领导力开发》，电子工业出版社，2015年版。

2. （日）大前研一：《新领导力：克服危机时代的领导者条件》，漓江出版社，2015年版。

3. （美）大卫·V. 戴、约翰·安东纳基斯：《领导力的本质》，北京大学出版社，2015年版。

挑战企业领导力

——"万科股权之争"商业案例分析

2016年8月8日

　　2015年7月10日，深圳市宝能投资集团有限公司举牌收购万科企业股份有限公司A股股份，由此上演了"万科股权之争"的资本市场博弈纪实大片。"万科股权之争"涉及利益、法律、制度、治理、道德、情怀、文化和监管等，引发国际国内高度、广泛关注，并对资本市场产生巨大深远影响。"万科股权之争"尚未落幕，现在全面总结、盖棺定论，为时尚早。但多角度的讨论、多层面的思考，不管基于什么目的，都会对资本市场可持续健康发展提供有益的经验总结和教训借鉴。

　　本次商业案例分析，仅从企业领导力意义，选择法律、制度、能力和品质四个角度，采取理论与实践相结合的方式，通过比较、实证和逻辑分析，说明企业领导力是关系到企业生存和发展的聚合行为，从管理学意义上阐释企业制胜实质是企业领导力制胜。

本次商业案例分析，基于法律和事实，旨在通过客观的分析，强化对企业领导力的理解和思考，而不是对"万科股权之争"谁对谁错的评说。大量商业实践表明，在合法的前提下，商业行为很难做出对与错的判断，更多的是适合与不适合的选择。

本次商业案例分析，不是从当事人和相关者意义上阐述体会和感悟，而是从旁观的角度发表对事不对人的尽可能客观的看法，不可避免有主观立场，加之相关信息对称性和充分性不足，或存在不完整性局限。

一、"万科股权之争"的逻辑分析

（一）"万科股权之争"的主要事件和节点演变

	（2000年8月10日、10.82%）	（2015年8月26日）
万科股份 ——→	中国华润 ——→	宝能集团
	（2015年8月29日、14.91%、第一大股东）	（15.04%、第一大股东）

（2015年9月1日）	（2015年12月11日）	（2015年12月17日）	（2015年12月18日）
中国华润 ——→	宝能集团 ——→	王石 ——→	姚振华 ——→
（15.23%、第一大股东）	（22.45%、第一大股东）	（不欢迎宝能）	（相信市场的力量）

（2015年12月19日）　（2016年3月8日）

万科股份停牌————————▶傅育宁————————▶

（股价24.43元/股）　（万科是个好企
业，会全力支持）

（2016年3月12日）　　　　　　　　（2016年3月19日）

万科股份与深圳地铁签署合作备忘录————▶傅育宁————————▶

（意向交易价格为股票换土地和物业资
产，对价金额400～600亿元）　　（支持万科发展，高度关注良
好的公司治理制度和结构）

（2016年6月23日）　　（2016年6月26日）

中国华润和宝能集团————————▶宝能集团————————▶

（反对万科与深铁的重
组预案）　　（提起召开万科临时股东大
会，拟罢免万科现任12名董
事、独立董事、监事）

（2016年6月27日）（2016年6月30日）　　　（2016年6月30日）

万科股份————▶中国华润————▶中国华润和宝能集团————————▶

（召开年度股
东大会，董事
会监事会报告
未通过）　（反对宝能提
出的罢免案）　（华润承认向宝能提供资金，均
否认互为一致行动人）

（2016年7月4日）（2016年7月6日）　　（2016年7月7日）

万科股份————————▶宝能集团————▶宝能集团————————▶

（万科复牌连续
2天跌停，跌幅
18.99%）　（增持至25%）　（欢迎万科管理层优秀
者留任，愿做长期战略
财务投资人）

（2016年7月18日）（2016年7月19日）（2016年8月8日）

万科股份 ——→ 万科股份 ——→ 中国恒大

（17.43元/股，　（向监管机构公开　（增持万科股份A
较停盘时跌　　举报，要求查处宝　股股票至5%）
28.65%，市值蒸　能相关资管计划违
发772.73亿元）　　法违规行为）

（二）"万科股权之争"的演变逻辑

其演变逻辑是以时间顺序和事件发生为轴的线型迭进逻辑轨迹，可分为以下6个阶段：

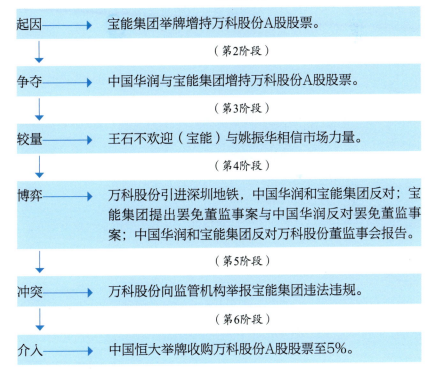

（第1阶段）

起因 ——→ 宝能集团举牌增持万科股份A股股票。

（第2阶段）

争夺 ——→ 中国华润与宝能集团增持万科股份A股股票。

（第3阶段）

较量 ——→ 王石不欢迎（宝能）与姚振华相信市场力量。

（第4阶段）

博弈 ——→ 万科股份引进深圳地铁，中国华润和宝能集团反对；宝能集团提出罢免董监事案与中国华润反对罢免董监事案；中国华润和宝能集团反对万科股份董监事会报告。

（第5阶段）

冲突 ——→ 万科股份向监管机构举报宝能集团违法违规。

（第6阶段）

介入 ——→ 中国恒大举牌收购万科股份A股股票至5%。

（三）监管机构的监管措施演变

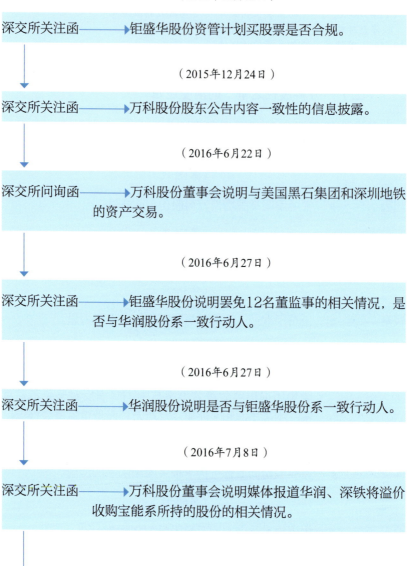

（2015年12月10日）

深交所关注函————▶钜盛华股份资管计划买股票是否合规。

（2015年12月24日）

深交所关注函————▶万科股份股东公告内容一致性的信息披露。

（2016年6月22日）

深交所问询函————▶万科股份董事会说明与美国黑石集团和深圳地铁的资产交易。

（2016年6月27日）

深交所关注函————▶钜盛华股份说明罢免12名董监事的相关情况，是否与华润股份系一致行动人。

（2016年6月27日）

深交所关注函————▶华润股份说明是否与钜盛华股份系一致行动人。

（2016年7月8日）

深交所关注函————▶万科股份董事会说明媒体报道华润、深铁将溢价收购宝能系所持的股份的相关情况。

（2016年7月21日）

深交所监管函────▶钜盛华股份相关文件提交违规，约谈其主要负责人。

（2016年7月21日）

深交所监管函────▶万科股份相关信息披露违规，约谈其主要负责人。

（2016年7月21日）

证监局关注函────▶钜盛华股份主要负责人接受诫勉谈话。

（2016年7月21日）

证监局关注函────▶万科股份主要负责人接受诫勉谈话。

（2016年7月22日）

证监会公开谴责────▶万科股份股东与管理层之争损害了股东利益，尽快协商解决，严肃查处违法违规行为。

（2016年8月5日）

深交所关注函────▶万科股份董事会说明中国恒大购买万科股份A股股票情况以及一致行动人情况。

二、"万科股权之争"的商业评估

"万科股权之争"牵连很多方面，涉及许多问题，可以从不同角度、不同层面和不同意义等方面进行评估。但是把"万科股权之争"作为商业案例进行评估，更能体现管理学意义和借鉴性价值。

（一）万科股份的商业价值

万科股份于1984年设立，1991年A股上市，截至2015年12月31日，资产总额达6112.96亿元，2015年营业收入1955.49亿元，净利润259.51亿元。

截至2015年12月31日，A股总股本110.39亿股，净资产1363.09亿元，每股净资产12.35元；2015年12月19日，万科股份停牌时A股股价为24.43元/股，静态市盈率14.9。

万科股份上市24年来，累计实现净利润1231.92亿元，净资产由2.35亿元增至1363.09亿元，净资产增长580倍；连续24次对所有股东实施现金分红，累计金额268.92亿元；对所有股东实施转增股本5次，共计30股，对所有股东实施送股10次，共计21股，对所有股东实施配股2次，共计5股。

万科股份是世界500强企业中唯一地产公司，中国排名第一的专业化住宅房地产公司。万科股份的品牌、品质、服务、业绩和文化被誉为行业标杆。万科股份在后房地产时代，将以其国际国内市场一体化发展战略和专业化能力，或继续引领中国住宅地产行业发展。

（二）宝能集团的战略意图

宝能集团及其控股子公司钜盛华股份、前海保险是2000年以后相继设立的投资、金融类企业，在相关行业具有一定沉淀和影响力。

宝能集团主要利用资管计划和质押贷款资金400多亿元，6次举牌收购万科股份A股股票，已持有万科股份25%股票，已成为万科股份第一大股东。

不考虑宝能集团商业行为背后的其他或有因素，仅从事实本身而言，宝能集团的战略意图是基于商业利益。一方面：如果宝能集团长期投资成功控股并实际控制万科股份，万科股份被低估的现实价值和高成长性的潜在价值，或带来巨大的战略性商业利益。同时，万科股份的品牌影响力和财务规模的报表合并，将极大提升宝能集团市场形象和优化财务结构，或将助推宝能集团更上一个台阶，赢得更多战略性商机。另一方面：如果宝能集团阶段性投资成功控股并实际控制万科股份，或在与其他战略投资者合作中，获得巨大的股权增值收益，以及战略合作价值。

宝能集团举牌收购万科股份A股股票，或面临收购资金的期限、成本、杠杆及股价变动影响，亦面临成功控股并实际控制万科股份因多种因素或导致的不确定性的挑战。

正常情况下，宝能集团的重大商业行为应具备相应的、慎重的决策和周密的安排，包括不可预见和不可控制的商业风险的防控。

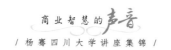

（三）中国华润的应对策略

中国华润2000年8月入主万科股份，系第一大股东至2015年9月。通过对相关资讯的分析，中国华润是国际国内有影响力和话语权的大型央企，在作为万科股份第一大股东期间，对万科股份生产经营进行实际控制以及合并财务报表，未表现出非此不可的迫切性和必要性。或因为如此，万科股份在市场化环境中相对自由的良好成长，对中国华润贡献了重要的市值、业绩、品牌、形象和战略价值。

宝能集团举牌收购万科股份A股股票且目标是成为其第一大股东和实际控制人。宝能集团在实施这一重大商业计划之前，是否与中国华润和王石团队有过交流，至今非当事人无法知晓，也很难判断。但在"万科股权之争"过程中，中国华润表现的增持股票、称赞万科股份、承认与宝能集团有资金合作、否认与宝能集团有一致行动、反对深圳地铁重组案、反对宝能集团罢免案，反对万科股份董事会和监事会报告等一系列行动及态度，或无本质过错，但却耐人寻味。

中国华润的行动及态度，从根本上是要维护自身的和既得的商业利益。或由于"万科股权之争"不排除多方面非商业因素影响，相关重大事项走向和结果不确定，不愿意卷入更深、更激烈的多方博弈，避免法律法规及监管风险，而采取有限的、稳健的应对策略，保持充分的相关行为余地。

如果解决"万科股权之争"，中国华润基于相关决策条件和商业行为，有能力和实力在"万科股权之争"中或扮演重要角色。

（四）王石团队的战略选择

王石是万科股份的创始人，与万科股份一起走过了32年的人生岁月。王石是万科股份的董事会主席，是万科股份职业管理团队的代表，对万科股份的成长有付出、有贡献、有情感、有责任、有期许，是"万科文化"的倡导者和坚守人。

"万科股权之争"之前，万科股份的股权结构比较分散，法人治理结构在很大程度和一定意义上，重大决策基于总经理办公会和董事会，股东大会更多的是在必备程序和形式要件意义上体现股东权利。

宝能集团举牌收购万科股份A股股票，成为第一大股东，或实际控制万科股份，王石团队没有权力不允许，但表示不欢迎，理由是宝能集团信用不够。王石团队或考虑，宝能集团的理念、价值观、行业沉淀、企业文化、商业战略与万科股份难以融合，影响王石团队坚守"万科文化"，给万科股份可持续稳定发展带来重大不确定性。

在宝能集团强势进入已经成为万科股份第一大股东的背景下，王石团队拟引入深圳地铁阻止宝能集团成为第一大股东和实际控制人，被中国华润和宝能集团共同反对；在宝能集团提出董监事罢免案，宝能集团和中国华润共同反对万科股份董事会、监事会报告的背景下，王石团队以万科股份的名义向监管机构举报钜盛华股份违法违规，王石团队与宝能集团形成直接冲突。由此，监管机构对"万科股权之争"的监管从问询、关注升级为约谈、谴责。

在"万科股权之争"过程中，王石团队的战略选择明显表现出

以拒绝宝能集团成为第一大股东和实际控制人为目标，在运用市场和商业力量无果的情况下，采用民事投诉举报方式，或企监管及法律影响"万科股权之争"。

（五）安邦集团的持股安排

安邦集团运用保险计划，斥资约87亿元，于2014年起4次增持万科股份A股股票，已累计持股占比7.01%。安邦集团与宝能集团同属保险行业，在宝能集团举牌收购万科股份A股股票期间，购买万科股份A股股票，其商业行为被社会关注。虽没有任何依据说明安邦集团与宝能集团有关联或一致行动关系，但安邦集团低调增持万科股份A股股票的目的或基于万科股份A股股票的投资价值，不排除万科股份的或有重组效应。

（六）中国恒大的持股行为

在"万科股权之争"冲突的白热化阶段，中国恒大动用90多亿元现金，购买万科股份A股股票至4.68%，其2016年8月4日公告称："万科为中国最大房地产开发商之一，其财务表现强劲。收购项目为本公司的投资。"

2016年8月8日，万科股份披露股东权利变动报告书，中国恒大通过其控股的7家子公司，于2016年7月25日至8月8日合计增持万科A股股票至5%。

中国恒大是在香港上市的房地产企业，2015年销售收入1331.3亿元，净利润170.34亿元，经营规模和盈利能力在中国房地产企业排名第2，仅次于万科股份。

中国恒大在"万科股权之争"的敏感时期，增持万科股份A股股票，其自称为财务投资，但社会高度关注，说法纷纭。从一般意义上分析，中国恒大的持股行为是否拟控股万科股份，是否属相关方和其他方解决"万科股权之争"的相关安排，没有事实和根据判断是与非。但从逻辑上分析，中国恒大的持股行为或表明：一是与"万科股权之争"有关；二是提高了中国恒大的影响力，表现了中国恒大的能力和实力；三是中国恒大有资金实力合规增持万科股份A股股票，且持股比例为5%，须编制和披露权益变动报告书，受限期为半年。在万科股份董事换届不足半年时间的背景下，中国恒大的持股行为既体现出财务投资一般性盈利意图，也隐含着参与或实际控制万科股份经营管理的可能。

中国恒大对万科股份的持股行为，将随着"万科股权之争"的解决，以及中国恒大对万科股份的后续行动，进一步展示其意义和作用。

三、"万科股权之争"的结局思考

思考一："万科股权之争"不可能没有结局，但最终时间无法确定，最终结果有多种可能。结局的方式却有两种选择，一种是如果相关各方因严重违法违规被查处，其最终走向将由被查处情况结果主导；另一种如果相关各方没有因违法违规被查处，或个别问题被查处不存在一定程度的追究法律和经济责任的情形，其最终走向将会在现行法律法规框架内，由相关各方在监管机构及其他部门督促、协调下协商安排。也不排除为创造解决"万科股权之争"有利

的市场环境，有条件的企业以完全市场化的行为，且有利于自身利益的需要介入的可能性。

关于"万科股权之争"的结局，公众有许多设想，且出于不同角度和诉求，但"万科股权之争"的结局基于法律法规、商业利益和万科股份的健康稳定发展是不会改变的，而且用市场的、经济的手段解决是"万科股权之争"结局方式的最终选择。

思考二："万科股权之争"在直接相关各方面对面冲突的背景下，要本着解决问题平静的、坦诚的交流，或有一定障碍。因此，在监管部门和其他力量的干预下，不排除其他方面介入，在依法合规，平衡直接相关各方利益和诉求，可促进万科股份健康持续发展的前提下，尽快做出结束"万科股权之争"的相关安排。

不管"万科股权之争"的结局怎样，其解决的过程和结果，应符合现行法律法规，体现资本权力和利益，兼顾团队诉求，促进万科股份健康持续发展。

解决"万科股权之争"的过程，是非常复杂且时间不确定，但当时各方、监管部门以及其他因素包括行政和市场的力量介入是可以预料的。2017年3月是万科股份董监事及经营班子换届的期限，可以预料，"万科股权之争"在此之前应该有一个结局性的安排，否则"万科股权之争"或继续演变为万科股份高管团队换届之争，有理由相信，这是股东和现有管理团队都不愿意看到的，既不符合监管部门要求，也不符合股东、团队和公司利益及发展的要求。

思考三："万科股权之争"的社会关注度很高，其中焦点之一是资本权利和团队情怀，两大派观点对峙。一种观点认为：资本权利是法律赋予的，应该受到尊重和维护，不能用团队情怀予以抗拒。但是这种观点不应该忽略资本既有权利也有责任。只有负责的资本、理性的资本，才能确保获得利益，有效管控风险。另一种观点认为：情怀是感情付出、思想境界和人文品质，可以转化成为道德和责任的文化力量，是优秀团队的价值观。情怀应该受到资本的尊重，甚至可以理所当然地抗拒资本。但是这种观点不应该忽略情怀更多的是道德价值，可以与资本深度融合而不是天生对抗，否则或被认为用道德力量绑架合法行为，以实现不合理的利益诉求。

资本市场的相关理论和长期实践表明，资本对资本市场的投资，是受法律保护的，是受行政监管的，是权力、利益和责任相统一的经济行为，是促进资本市场健康持续发展的重要市场行为。上市公司管理团队是依照相关法律法规和公司制度，按照相关程序组建的，其使命和责任是把上市公司管理好，经营好，为股东创造可持续的投资价值。法规和监管对资本和团队既有相同的规定，也有不同的要求。

完善的资本市场的重要标志是法律法规、投资行为和上市公司经营管理的成熟。如果孤立地、过分地强调资本权利或团队情怀，将会使资本市场的多方行为主体的价值判断和选择进入误区，不利于资本市场的健康持续发展。

思考四："万科股权之争"是在现行法律法规框架内发生的。"万科股权之争"出现了很多问题，产生了很多影响，比如，利用资管计划资金购买上市公司股票，资本对上市公司股票实行强制性收购，上市公司控股权的变更与管理团队的稳定，股东与管理团队的冲突对上市公司市值及中小股东利益的影响及上市公司稳定发

展，监管机构对跨行业及动态行为的监管，上市公司法人治理结构如何平衡法律法规、股东权利、管理团队诉求和上市公司持续发展等。"万科股权之争"将为相关部门完善法律和制度、企业完善法人治理结构、监管机构完善监管体制和机制提供相关思考和有益的启示。

资本市场的发展是一个不断完善和创新的过程，其间出现的问题不应该简单地判断为对与错，而应该在基于实践环境的基础上进行科学的总结，针对问题调整和完善相关安排。"万科股权之争"的实质可以理解为基于利益的诉求行为之争，这体现了资本市场的本质，不管怎么争，要符合法律法规，发现和实现价值，有利于资本市场发展的根本要求。

思考五：资本市场持续健康发展的重要基础之一是上市公司的良好治理和持续发展，在资本对上市公司主张权力和利益的同时，兼顾管理团队的诉求和上市公司的稳定发展。如果没有资本对资本市场积极的市场化参与，资本市场或将丧失市场化配置资源的价值。反过来，如果没有上市公司持续稳定健康发展，资本市场或将缺乏基础性支撑。资本市场的秩序及活力，取决于科学的制度安排、资本的积极参与和上市公司持续健康发展三者之间的有机协同。做好上市公司，在很大程度上取决于管理团队的品质、能力和责任。在一定意义上，是管理团队创造了上市公司的价值，管理团队的诉求和利益应该受到尊重和维护。

中国资本市场A股是主板，代表了中国资本市场的法律法规和行政监管，A股上市公司代表了中国产业经济的发展水平和方向，因此，A股上市公司的治理和发展尤为重要，而A股上市公司的领导力则是决定因素。做强、做优A股上市公司，不仅需要与之相适应的制度和政策安排，而且需要资本和团队的理念、能力和品质。只有A股上市公司可持续创造产业价值，才能引导资本不断发现和实现投资价值。

思考六：资本市场的发展取决于多种要素有序集合，包括法规、政策、制度、机制、资本、产业、管理和监督等科学统筹安排。完美无瑕的资本市场难能企有，但促进资本市场持续健康却可以致力追求。资本市场的发展应以上市公司健康稳定发展为基础，以科学完善的制度和机制为关键，以投资者的积极战略性参与为重点，以依法合规，有序高效，且全覆盖的合规性和风险性监管为保障。

资本市场的投资是利益和风险并存的行为，防控风险可以从许多方面和角度安排，其中非常重要的是科学的、严格的监管。不可否认，在资本市场发展的过程中，监管滞后的现象在全球资本市场不同时期、不同程度都存在。在中国经济发展进入新常态的背景下，资本市场的监管制度和机制，对重大事项的监管是否可以适度积极、跨行业延伸、过程化、提高自选信息披露要求、强化承诺及问责等，在有利于资本市场发展的前提下，不断加强资本市场行为合规性的自律和他律。

思考七：资本市场的重要功能之一是促进经济要素市场化配置，是经济发展水平达到一定高度的产物，对国家和地区经济的发展发挥重要的引领和推动作用。我国资本市场30多年来为中国经济发展发挥了积极作用，在我国经济转型过程中将发挥更加重要的促进作用。我国经济发展进入新常态后，资本市场基本制度、监管体

系的创新和完善，将是多层次资本市场可持续发展的迫切需要和重要保障。而上市公司的合规治理和健康发展，则为资本参与提供了巨大的吸引力和广阔的战略空间。

中国经济转型发展，旨在提高经济发展的质量、竞争力和持续性，资本市场为此更应该发挥市场化配置要素的重大作用，助推中国经济成功转型。一方面，中国经济转型为资本市场发展提供了重大机遇；另一方面，中国经济转型为资本市场提供了广阔前景。促进多层次资本市场持续健康发展，顶层制度政策安排已经出台。在中国个人财产性项下收入不断提高的背景下，资本市场的发展对经济社会的发展将扮演更重要的角色，发挥更大的积极作用。

思考八：资本市场的重要功能还包括投融资。发现价值和实现价值是资本市场对资本投资和产业直接融资提供的市场化平台。资本市场的健康持续发展，应该由财务型、长期型、战略型投资资本发挥主导作用，过多的炒作型、短期性、战术型投机资本或导致资本市场由投资性平台转变为投机性平台，会引发多种不确定性风险。全球资本市场的发展证明，资本市场对于经济社会发展的价值在于更多的投资而不是过度的投机。

我国资本市场用短期筹融资本进行长期股权投资的案例不为鲜见，或与相关制度、经历、主题、文化等有关。但涉及上市公司控股权的投资，应该从促进上市公司健康稳定发展和维护投资者权利及利益等多方面统筹兼顾，共同分享资本市场的成长价值。

四、"万科股权之争"对企业领导力的挑战

（一）企业领导力与法律法规

企业领导力是被授予的，首先是法律法规的授予。任何企业都是基于法律法规而设立的，任何经营管理行为都必须在法律法规范围内进行。企业领导力不管是决策还是实施行为均与法律法规有关，因此，企业领导力必须学习法律法规、熟悉法律法规、遵守法律法规、敬畏法律法规。

"万科股权之争"的焦点问题之一是宝能集团的资管计划是否违反现行法律法规，宝能集团和万科股份的信息披露违反现行法律法规，对宝能集团和万科股份的领导力形成挑战。在一定意义上，这种挑战将对"万科股权之争"产生不确定性影响。

以"万科股权之争"为例的大量商业实践表明，企业领导力与法律法规的关系，不仅影响企业领导力的实施，而且影响企业的发展和股东的利益，甚至产生政治和社会影响。

企业的重大突发性事项，也可以说是重大危机管理，对企业领导力是严峻的考验。企业领导力首要的是考验其法律法规风险，这是卓越企业领导力的重要标志。

（二）企业领导力与法人治理制度

企业法人治理制度一般是指为维护以股东为核心的权益主体的利益，对企业的权力制衡关系和决策系统做出的制度安排。法人治理制度是在法律法规前提下，参照先进成熟经验，由股东和管理团

队共同约定，共同遵守。

企业领导力法律法规范围之内的重大和主要行为，均由法人治理制度授予。科学的、完善的、先进的企业法人治理制度是确保企业依法合规，健康持续发展的保障。

"万科股权之争"的焦点问题之二是万科股份的法人治理制度。万科股份股权分散，第一大股东积极不干预，不存在传统意义上的实际控制人，经营管理由管理层主导。

也许是中国华润积极不干预，万科股份相对自由的良好成长，管理团队在重大决策和组织执行过程中，受非市场行为的干预和约束较少，在万科股份股权结构市场化调整中，中国华润对第一大股东地位的有限博弈，容易形成管理团队对宝能集团的排斥和对抗。

从一般意义上讲，万科股份的法人治理制度特别是公司章程中应该包括对敌意收购的相关安排，其中很重要的是对第一大股东和管理团队的安排，但是在"万科股权之争"过程中，万科股份的法人治理制度却表现出或有不完善，问题的焦点或集中在董事会和管理团队。

企业法人治理制度更多的是授予和规范管理团队决策和执行行为。实践证明，成熟先进的企业法人治理制度是卓越企业领导力的重要前提条件。特别是在股权结构相对分散且制衡，第一大股东和实际控制影响力相对较弱的情况下，重大事项决策的制度和机制安排尤为重要。相对制衡的股权结构易于防止决策失误，易于管理团队遵循市场规则，但也易于股东间的诉求差异而形成的博弈，使管理团队或面临决策力的判断和选择。

管理团队是对所有股东服务，对所有股东负责，由所有股东选择，由所有股东赋予其相关权力的专业化、职业化团队。在企业经营管理实践中，企业领导力应妥善平衡，切实解决股东间的诉求差异。行之有效的方式之一就是广泛深入坦诚沟通，提出有利于股东根本、整体和战略利益，兼顾差别诉求方案，赢得相关股东的认同。

企业领导力的重要任务之一就是依据现行相关法律法规，借鉴先进成熟经验，提出企业法人治理制度建设和完善的相关意见，并形成可执行的制度和可操作的机制。这是团结所有股东，赢得所有股东支持，更好发挥企业领导力的重要保障。

（三）企业领导力与管理团队能力

管理团队的能力从自身意义上决定企业领导力。管理团队的能力基于法律法规和公司制度，与管理团队的知识结构和行业经验直接相关。在企业实践过程中，管理团队的能力主要表现在把握方向、综合判断、掌握时机、组织协调、创新和权变、应用规则和激活团队等。

"万科股权之争"中，管理团队表现出的能力可以从三个方面分析：

第一，管理团队在总体战略、业务发展、团队建设方面的能力具有突出优势和成就，已成为价值品牌和行业标杆。

第二，管理团队的制度建设、规则应用和危机管理虽然有基础性、常态性积累，但面临新形势、新情况和突发性事件，其应对能力尚需提高和完善。如宝能集团增持万科股份A股股票至5%、

10%这两个关键节点的时候，管理团队从法、规、理、情等角度、层面和意义，有渠道和机会分别与中国华润、宝能集团以及监管部门深入、坦诚、反复沟通，或避免直接冲突的"姚王之争"。同时在"万科股权之争"中，管理团队对把握方向、综合判断、应对策略等方面有待商榷。相当多的观点认为，姚振华的"快速战"遭遇了王石的"持久战"，姚振华的"罢免案"遭遇了王石的"举报案"，但巨大市值的蒸发、中小股东利益的影响、监管机构的公开谴责、社会舆论的巨大冲击，不管从哪种意义上讲，其过程和结果对宝能集团和万科股份很难说是双赢。

第三，管理团队中的董事、独董、监事、经营班子的相关制度和意志在"万科股权之争"中，协调一致的规则应用和统筹兼顾商业目的并未形成妥善处置的企业领导力，原因很多，其中最重要的是股东意愿差异和个人诉求不同。

在企业经营管理实践中，管理团队中的董事、董事长、独董、监事、监事长、总经理、财务总监，或由不同股东推荐及共同商定由其他法人或自然人推荐，不可避免地在重大商业决策上或体现推荐人意志。在这种背景下，王石作为万科股份创始人、法定代表人和董事会主席，其相关作用尤为重要，大量的、深入细致的沟通、说服或可减少以及弥合相关分歧。

企业领导力是团队力量，信任、沟通、理解和支持，是形成团队整体力量的重要条件。企业领导力的团队力量既基于法律法规和相关制度，也从本质上决定企业利益保障和战略发展，还有赖于团队个体的品质和能力。

（四）企业领导力与管理团队品质

管理团队的品质集中体现在依法合规、认真负责、忠诚敬业和道德情操，在一定意义上，管理团队的品质是卓越企业领导力的基础性前提和根本性保障。

在"万科股权之争"中，社会舆论对姚振华和王石有不少品质评价，其中一些评价缺乏依据和逻辑。姚振华和王石都具备比较丰富的生活阅历和工作经历，且都管理一定规模和影响力的企业及专业化、职业化团队，与之相适应的个人品质不言而喻。不能简单把商业目的不同、商业利益的博弈归结为品质范畴。

在企业领导力中，管理团队品质还应表现出团结、交流和协同。因为卓越企业领导力允许认识和理解上的差异，但强调原则前提下的团结和协作，形成同舟共济的兼容性文化。

在"万科股权之争"中，公众对王石与郁亮之间的相关表现极为关注，王石公开表示愿意由郁亮接替董事会主席，郁亮公开表示"万科股权之争"已经对万科股份的经营管理带来影响。由于王石与郁亮多年共事，求同存异。在"万科股权之争"中，王石和郁亮都有想法且不尽相同，但王石的去留和郁亮的选择被公众认为关系到万科股份的稳定和发展。万科股份仅为王石和郁亮的事业价值平台，去留和选择很难由其自主决定。在判断情感和事业问题上，职业经理人更应该理性。

在企业经营管理实践中，管理团队不同的角色或体现不同的意志、不同的责任、不同的风格，但在依法合规、股东权益和企业发展等问题上，应该是异曲同工，众志成城。

卓越企业领导力首先是因为管理团队的品质，所以品质本身就是价值。企业是创造价值的事业，也是承担风险的事业。企业所有风险中最难防控的和对企业影响最大的是管理团队的道德风险。

"万科股权之争"因涉及面广，影响力大，值得思考、总结的问题多，吸取和借鉴的经验也多，将成为经典商业案例，对我国资本市场发展产生深远影响。

"万科股权之争"对企业领导力在法律、制度、能力和品质方面提出了多种挑战，如何认识、建设、培养和评价企业领导力，值得人们深思。

企业领导力是法律和制度、能力和品质的集合，企业的竞争力取决于企业的领导力。市场竞争对企业的挑战，实质上是对企业领导力的挑战，强化和提高企业领导力是企业生产和发展的永恒课题。

（本文数据及资讯均源自深圳证券交易所和工商登记系统公开信息，由何雨欣整理）

附: "万科股权之争"的相关背景资讯

一、相关各方背景简介

1. 万科企业股份有限公司

万科企业股份有限公司(以下简称"万科股份"),1991年1月29日A股上市,1993年5月28日B股上市,2014年6月25日B股转H股。

截至2015年12月31日,A股总股本110.39亿股,股价24.43元/股,总市值2696.83亿元,H股总股本13.15亿股,股价22.90港元/股,总市值301.14亿港元。资产总额6112.96亿元,负债总额4749.86亿元,资产负债率77.70%。2015年营业收入1955.49亿元,利润总额338.03亿元,净利润259.51亿元。

截至2015年12月31日,总股本11,051,612,300.00股。前5名股东及持股比例:华润股份有限公司持A股15.23%,香港中央结算(代理人)有限公司持H股11.90%,深圳市钜盛华股份有限公司持A股9.38%,国信证券—工商银行—国信金鹏分级1号集合资产管理计划持A股4.14%,前海人寿保险股份有限公司—海利年年持A股3.16%。

万科股份董事7人,分别为王石(法定代表人)、乔世波、郁亮、孙建一、魏斌、陈鹰、王文金;独立董事4人,分别为张利平、华生、罗君美、海闻;监事3人,分别为解冻、廖绮云、周清平;高级管理人员5人,分别为郁亮(总裁)、王文金(执行副总裁、首席风险官)、陈玮(执行副总裁、首席人力资源官)、张旭(执行副总

裁、首席运营官）、谭华杰（高级副总裁）；在册员工42295人。

2015年万科股份销售收入1955.49亿元，全国地产行业排名第一，为世界500强中唯一纯地产公司。

2015年万科股份商品住宅销售面积2067.1万平方米，全国商品住宅销售面积占比1.84%；销售金额2614.7亿元，全国商品住宅销售金额占比3.59%。

2. 华润股份有限公司

华润股份有限公司（以下简称"华润股份"）于2003年设立，注册地址深圳市南山区滨海大道3001号深圳湾体育中心体育场三楼，注册资本164.67亿元，中国华润总公司持股99.9961%，华润国际招标公司持股0.0039%，法定代表人傅育宁。

华润股份主营业务包括对金融、保险、能源、交通、电力、通讯、仓储运输、食品饮料生产企业的投资；对商业零售企业（含连锁超市）、民用建筑工程施工的投资与管理；石油化工、轻纺织品、建筑材料产品的生产；电子及机电产品的加工、生产、销售；物业管理。

3. 中国华润总公司

中国华润总公司（以下简称"中国华润"）于1986年设立，注册地点为北京市东城区建国门北大街8号华润大厦，注册资本152.37亿元，直属国务院国有资产监督管理委员会管理，法定代表人傅育宁。

中国华润主营业务包括经国家批准的二类计划商品、三类计划商品、其他三类商品及橡胶制品的出口；经国家批准的一类、二类、三类商品的进口；接受委托代理上述进出口业务；技术进出口；承办中外合资经营、合作生产；承办来料加工、来样加工、来件装配；补偿贸易；易货贸易；对销贸易、转口贸易；对外经济贸易咨询服务、展览及技术交流；自行进口商品、易货换回商品、国内生产的替代进口商品，以及经营范围内所含商品的国内销售（国家有专项专营规定的除外）。

中国华润在香港有6家上市公司，分别为：华润创业（HK291）、华润电力（HK836）、华润置地（HK1109）、华润微电子（HK597）、华润燃气（HK1193）和华润水泥（HK1313）。

中国华润的零售业和啤酒经营规模居全国第一，是全国效益最好的独立发电商，全国最具实力的综合性地产发展商之一。中国华润的雪花啤酒、怡宝水、万家超市、万象城是享誉全国的著名品牌。

中国华润在册员工超过30万人，在国内及国外累计投资或达到10000亿元人民币，投资领域涵盖近20个行业。

4. 深圳市钜盛华股份有限公司

深圳市钜盛华股份有限公司（以下简称"钜盛华股份"）于2002年设立，注册地址深圳市罗湖区宝安北路2088号深业物流大厦，注册资本163.04亿元，深圳市宝能投资集团有限公司持股67.4%，法定代表人叶伟青。

钜盛华股份主营业务包括投资兴办实业；计算机软件开发，合法取得土地使用权的房地产开发、经营；企业营销策划、信息咨询（不含人才中介、证券、保险、基金、金融业务及其他限制项

目）；建材、机械设备、办公设备、通信设备、五金交电、电子产品、家具、室内装修材料的购销；国内贸易，货物及技术进出口；自有物业租赁；供应链管理（法律、行政法规禁止的项目除外，法律、行政法规限制的项目须取得许可后方可经营）。

5. 前海人寿保险股份有限公司

前海人寿保险股份有限公司（以下简称"前海保险"）于2012年设立，注册地址深圳市南山区临海路59号招商海运9楼，注册资本85亿元，钜盛华股份持股51%，法定代表人姚振华。

前海保险主营业务包括人寿保险、健康保险、意外伤害保险等各类人身保险业务；上述业务的再保险业务；国家法律、法规允许的保险资金运用业务；经中国保监会批准的其他业务。

6. 深圳市宝能投资集团有限公司

深圳市宝能投资集团有限公司（以下简称"宝能集团"）于2000年设立，注册地址深圳市罗湖区笋岗街道宝安北路2088号深业物流大厦，注册资本3000万元，姚振华持股100%，法定代表人姚振华。

宝能集团主营业务包括投资兴办实业；投资文化旅游产业；建筑、装饰材料的购销及其他国内贸易（法律、行政法规、国务院有关决定规定在登记前须经批准的项目除外），经营进出口业务（法律、行政法规、国务院有关决定禁止的项目除外，限制的项目须取得许可后方可经营）；建筑设备的购销与租赁；信息咨询、企业管理咨询（不含人才中介、证券、保险、基金、金融业务及其他限制项目）；供应链管理。

7. 安邦保险集团股份有限公司

安邦保险集团股份有限公司（以下简称"安邦集团"）于2004年成立，注册地址北京市朝阳区建国门外大街6号12层1202，注册资本619亿元，北京联通成功汽车销售服务有限公司持股占比3.71%，为安邦集团第一大股东，法定代表人吴小晖。

安邦集团主营业务包括投资设立保险企业，监督管理控股投资企业的各种国内国际业务，国家法律法规允许的投资业务，国家法律法规允许的保险业务，经中国保监会批准的其他业务（依法须经批准的项目，经相关部门批准后依批准的内容开展经营活动。）

8. 深圳市地铁集团有限公司

深圳市地铁集团有限公司（以下简称"深圳地铁"）于1998年设立，注册地址深圳市福田区福中一路1016号地铁大厦27－31层，注册资本348.81亿元，深圳市人民政府国有资产监督管理委员会控股100%，法定代表人林茂德。

截至2015年12月31日，深圳地铁资产总额2403.96亿元，负债总额901.20亿元，资产负债率37.49%。2015年深圳地铁营业收入51.80亿元，利润总额5.67亿元，净利润5.34亿元，纳税总额5.46亿元。

深圳地铁主营业务为城市轨道交通项目的投融资、建设运营、开发和综合利用，投资兴办实业、国内商业、物资供销业、经营广告业务，以及自有物业管理、轨道交通相关业务设计、咨询及教育培训等，现已形成集地铁"投融资、建设、运营、资源经营与物业开发"四位一体的产业链。

9. 恒大地产集团有限公司

恒大地产集团有限公司（以下简称"中国恒大"，股份代号：3333.HK），于2006年设立，注册地址P.O. Box 309 Ugland House Grand Cayman KY1-1104 Cayman Islands，于2009年在香港联合交易所上市，鑫鑫（BVI）有限公司控股67.91%，董事局主席许家印。

中国恒大主营业务为房地产开发、物业投资、物业管理、房地产建造、酒店、其他房地产开发相关服务及快速消费品行业。

2015年中国恒大销售收入1331.3亿元，净利润170.34亿元，中国地产排名第二。

10. 王石

王石，1951年生，中国籍，广西柳州人，兰州铁道学院给排水专业毕业，万科股份创始人，现任万科股份董事会主席，兼任中国房地产协会常务理事、中国房地产协会城市住宅开发委员会副主任委员、深圳市房地产协会副会长、深圳市总商会副会长、深圳市社会组织总会长，代表著作有《道路与梦想：我与万科20年》《让灵魂跟上脚步》《徘徊的灵魂》《灵魂的台阶》《王石说：影响我人生的进与退》。

11. 姚振华

姚振华，1970年生，中国籍，广东潮汕人，华南理工大学工业管理工程和食品工程双专业毕业，宝能集团创始人，现任宝能集团董事长，曾担任广东省政协常委、广东潮联会荣誉会长。

12. 傅育宁

傅育宁，1957年生，中国籍，大连理工大学学士毕业，英国布鲁诺尔大学工程力学博士毕业，历任招商集团有限公司董事长、招商局国际有限公司主席、招商银行董事长、中国南山开发集团股份有限公司董事长，现任中国华润总公司董事长，全国政协委员。

13. 郁亮

郁亮，1965年生，中国籍，江苏苏州人，北京大学经济学硕士，1990年加入万科股份，1993年任深圳市万科股份财务顾问有限公司总经理，1994年任万科股份董事，1996年任万科股份副总经理，1999年任万科股份常务副总经理兼财务负责人，2001年任万科股份总经理，荣获2012年CCTV中国经济年度人物。

14. 许家印

许家印，1958年生，中国籍，河南周口人，武汉科技大学毕业，现任恒大地产集团董事局主席、党委书记兼统战部部长，武汉科技大学管理学教授、博士生导师、第十一届全国政协委员、第十二届全国政协常委，兼任中国企业联合会副会长、中国房地产业协会副会长、广东省慈善总会名誉会长、广东省河南商会会长、广东省光彩事业促进会副会长。

二、相关重要术语释义

1. 敌意收购

敌意收购又称恶意收购，是指收购方在未经被收购方允许，不管被收购方是否同意而进行的收购行为。敌意收购的目的是通过收购行为实际控制被收购方。敌意收购的特点是收购方和被收购方之间发生收购与反收购的激烈对抗。敌意收购多数表现为上市公司的控股权之争。

敌意收购的主要目标是价值被低估，具有高成长性，股权结构相对分散的上市公司。由于敌意收购是基于市场的行为，我国资本市场的监管要求立足在保持上市公司稳定发展和维护中小股东利益。上市公司对抗敌意收购的主要措施为对高管团队以高额赔偿，战略投资股东的一致行动人安排。

2. 信用

信用是指依附在人之间、单位之间和商品交易之间形成的一种相互信任的生产关系和社会关系。信用的意思是能够履行承诺而取得的信任和诚信度，难得易失。

从伦理角度理解，信用是信守承诺的道德品质；从经济角度理解，信用是一定期限获得一定数额资金的预期；从法律角度理解，信用是当事人之间的契约关系及其权利和义务；从货币角度理解，信用是货币。

在我国经济实践中，信用的本质体现于信任（包括实力、能力、品德和商誉）和借贷（包括商业行为及其相关权利和义务）。

3. "举牌收购"

"举牌收购"是指购买方及其一致行动人在二级市场上购买的上市公司股票达到总股本的5%时,根据有关法规的规定,购买方在规定时间内编制权益变动报告书,向监管机构提交书面报告,通知上市公司进行信息披露,资本市场称之为"举牌收购"。"举牌收购"的股票锁定期为6个月。

我国资本市场"举牌收购"的购买方购买上市公司股票的主要方式为大宗交易渠道和二级市场集合竞价,控股权转让一般采取协议安排方式。

4. 权益变动报告书

购买方持有上市公司股权一定比例时,应当按照监管规定编制和披露包括其基本信息等信息的报告书,称之为权益变动报告书。权益变动报告书分为简式权益变动报告书和详式权益变动报告书。

购买方上市公司股票达到总股本的5%~20%,收购方须编制、披露简式权益变动报告书;达到总股本的20%~30%,且非第一大股东或实际控制人,购买方须编制、披露详式权益变动报告书;达到总股本30%及以上的,收购方须实施要约收购。

编制、披露权益变动报告书的目的是资本市场了解购买方的相关信息,以及对于上市公司影响信息,为资本市场及其上市公司其他股东提供判断、决策依据。

我国资本市场对权益变动报告书的主要要求为,符合基本格式,重点内容之一是说明购买方背景、持股目的、权益变动方式、上市公司股权结构调整等。

5. 要约收购

要约收购是指收购方通过向目标公司的股东发出购买其所持该公司股份的书面意见表示，并按照依法公告的收购要约中所规定的收购条件、价格、期限以及其他规定事项，收购目标公司股份的收购方式。其最大的特点是在所有股东平等获取信息的基础上自主做出选择，被视为完全市场化的规范的收购模式，有益于防止各种内幕交易、保障全体股东尤其是中小股东的利益。

要约收购的价格、数量、支付方式、期限、变更和撤销等都有严格的规定和程序，且公开披露。

我国资本市场对收购方持股上市公司30%股权及以上的增持，须进行要约收购。实施要约收购须按相关规定办理，符合相关法规条件如不改变实际控制人等，经监管部门审批可以豁免要约收购。

6. 内幕交易

内幕交易是指内幕人员和以不正当手段获取内幕信息的其他人员违反法律、法规的规定，泄露内幕信息，利用内幕信息买卖证券或者向他人提出买卖证券建议的行为。

内幕人员是指相关上市公司高级管理人员和知情人员，相关中介机构人员等。内幕信息是指尚未公开的可能影响股票价格的重大信息，包括财务、重大资产变更、重大资产重组等信息。

内幕交易的性质是典型的证券欺诈行为，严重扰乱资本市场秩序，损害投资者利益，情节严重的将触犯刑法规定的内幕交易罪。

7. 资管计划

资管计划系集合资产管理计划的简称，是指集合客户的资产，由专业的投资者（券商/基金子公司）及其他有资格的金融机构进行管理，是证券公司、基金子公司及其他有资格的金融机构获准创新试点的为投资者提供的增值理财服务，投资于产品约定的权益类或固定收益类投资产品的资产。

资管计划规模、期限、用途、客户收益等均有限制，且接受监管，其本质是受客户委托理财，通过受托者投资获得收益。资管计划对客户而言，最大的风险来源于被委托者的专业能力和信用水平，也来源于资管计划产品是否保本金，保收益。

我国资本市场用资管计划购买上市公司股权案例不少，其投票权一般为协议安排，被委托者是否有合法有效投票权，关键取决于协议的约定及有效性。

我国资本市场和金融市场对资管计划的监管，主要基于合规性和风险性，资管计划因其创新试点性在具体实施过程中或存在"擦边球""灰色地带"现象。

8. 一致行动人

一致行动人是指通过协议、合作、关联方关系等合法途径扩大其对一个上市公司股份的控制比例，或者巩固其对上市公司的控制地位，在行使上市公司表决权时采取相同表决的两个以上的自然人、法人或者其他组织。

一致行动人的本质是不同的主体，共同的目标或共同的利益在商业行为中发挥影响和作用。

在具体实践中，对一致行动人的情形界定非常复杂，我国资本市场监管主要基于行为的合意性及关联关系。

9. 实际控制人

实际控制人是指通过投资关系、协议或者其他安排，能够实际支配上市公司行为的自然人、法人或其他组织。

有下列情形之一的，将被认定为"能够实际支配上市公司行为"并被认定为实际控制人：持有上市公司50%以上股份的控股股东；单独或者联合控制上市公司的股份、表决权数量最多；单独或者联合控制一个上市公司的股份、表决权达到或者超过30%；通过单独或者联合控制的表决权能够决定上市公司董事会半数以上成员当选；能够决定上市公司的财务和经营政策，并能据此从经营活动中获取利益；有关部门根据实质重于形式的原则判定。

我国资本市场的实践中实际控制人主要体现第一大股东，董事名额占多数，推荐董事长、或总经理、或财务总监、管理生产经营及合并财务报表。

10. 董事、监事的罢免

罢免上市公司任期内的董事、独立董事和监事由股东大会决定，罢免职工监事由职工代表大会决定。

上市公司罢免任期内的董事、独立董事和监事，必须符合《公司法》和《公司章程》规定，必须经过相关程序，必须具备充分的理由和事实依据，必须经过股东大会逐项表决，正常情况是须经三分之二以上股东同意，独立董事须发表专项意见。

我国资本市场罢免上市公司董事、监事的案例不多，一次性罢免上市公司全体董事、监事的案例尚未发生。

三、相关主要事由及节点

（1）2015年7月10日，宝能集团第1次举牌，增持万科股份A股股票至5%。

（2）2015年7月24日，宝能集团第2次举牌，增持万科股份A股股票至10%。

（3）2015年8月26日，宝能集团第3次举牌，增持万科股份A股股票至15.04%，成为万科股份第一大股东。

（4）2015年9月1日，华润股份增持万科股份A股股票至15.23%，重新成为万科股份第一大股东。

（5）2015年12月4日，宝能集团第4次举牌，增持万科股份A股股票至20.008%，再次成为万科股份第一大股东。

（6）2015年12月7日，安邦集团增持万科股份A股股票至7%。

（7）2015年12月11日，宝能集团第5次举牌，增持万科股份A股股票至22.45%，继续成为万科股份第一大股东。

（8）2015年12月17日，万科股份董事会主席王石公开表示不欢迎宝能集团成为万科股份第一大股东，理由是信用不够。

（9）2015年12月18日，宝能集团董事长姚振华公开表示，相信市场力量。

（10）2015年12月19日，万科股份停牌，A股股价24.43元/股。

（11）2016年3月8日，中国华润董事长傅育宁公开表示，万科股份是个好企业，中国华润会全力支持。

（12）2016年3月12日，万科股份与深圳地铁签署合作备忘录，由万科股份定向向深圳地铁发行A股股票，收购深圳地铁相关土地和物业资产，交易对价金额400～600亿元。若本次交易成功，深圳地铁或成为万科股份的第一大股东。

（13）2016年3月19日，中国华润董事长傅育宁公开表示，中国华润支持万科股份发展，也高度关注良好的公司治理制度和结构。

（14）2016年6月23日，中国华润和宝能集团分别公开表示，反对万科股份与深圳地铁的重组预案。

（15）2016年6月26日，宝能集团以万科股份第一大股东身份提起召开万科股份临时股东大会，罢免万科股份现任董事王石、乔世波、郁亮、王文金、孙建一、魏斌、陈鹰，独立董事华生、罗君美、张利平，监事解冻、廖琦云。万科股份现任董事7名，独立董事4名，监事3名（其中1名职工监事）。宝能集团提出的主要罢免理由是拟罢免的董事、独立董事和监事违反《公司法》《证券法》《上市公司治理准则》规定的董事、独立董事和监事义务，王石长期脱离工作岗位，未经股东大会事先批准，2011年—2014年获取现金报酬共计5000余万元。

（16）2016年6月27日，万科股份召开2015年度股东大会，审议表决5个议案，其中万科股份《2015年度董事会报告》和《2015年度监事会报告》未获通过。

（17）2016年6月30日，中国华润公开表示，反对宝能集团提出的针对万科股份现任共计12名董事、独立董事和监事的议案。

中国华润承认向宝能集团提供资金，双方均公开否认互为一致行动人。

（18）2016年7月4日，万科股份A股复牌，连续2天跌停。2016年7月5日，万科股份A股收盘价19.79元/股，跌幅18.99%。

（19）2016年7月6日，宝能集团第6次举牌，增持万科股份A股股票至25%。

（20）2016年7月7日，宝能集团公开表示，欢迎万科股份管理层优秀者继续留任，宝能集团愿意做万科股份的长期战略财务投资人。

（21）2016年7月18日，万科股份A股收盘价17.43元/股，较停盘时A股股价24.43元/股，跌幅28.65%，较停牌时A股总市值2696.83亿元，蒸发772.73亿元。

（万科股份2015年12月19日停牌，2015年12月18日，深圳指数收盘价12830.25；万科股份2016年7月4日复牌，深圳指数开盘价10369.69，跌幅比例19.18%。）

（22）2016年7月19日，万科股份向中国证券监督管理委员会、中国证券投资基金业协会、深圳证券交易所和中国证券监督管理委员会深圳监管局提交《关于提请查处钜盛华及其控制的相关资管计划违法违规行为的报告》。

（23）2016年8月4日，中国恒大斥资91.1亿元增持万科股份A股股票，持股比例为4.68%，其公告称系投资行为。

（24）2016年8月5日，万科股份表示，未泄露中国恒大购买万科股份A股股票的相关情况，与中国恒大不存在一致行动人关系。

（25）2016年8月8日，万科股份披露股东权利变动报告书，中国恒大通过其控股的7家子公司，于2016年7月25日至8月8日合计增持万科A股股票至5%。

四、监管机构的关注和态度

（1）2015年12月10日，深圳证券交易所向钜盛华股份发出关注函，要求核查并补充说明宝能集团通过资管计划买入万科股份的股票是否符合相关规定，以及宝能集团关联持股构成一致行动人的相关情况。

（2）2015年12月24日，深圳证券交易所向万科股份董事会发出关注函，要求万科股份的股东进行公告内容一致的信息披露，并提醒万科股份全体董事、监事、高级管理人员严格遵守相关法规，及时、真实、准确、完整履行信息披露义务。

（3）2016年6月22日，深圳证券交易所向万科股份董事会发出问询函，要求万科股份就美国黑石集团和深圳地铁资产交易，以及独立董事回避表决的相关情况限期做出书面说明，报送深圳证券交易所。

（4）2016年6月27日，深圳证券交易所向钜盛华股份发出关注函，要求钜盛华股份限期书面说明罢免万科股份10名董事和2名监事而未同步提名董事、监事候选人的原因，并说明相关董事、监事被罢免后对万科股份日常经营的影响，以及为消除相关影响拟采取的措施。要求钜盛华股份说明在2015年12月16日披露的《详式权益变动报告书（修订稿）》中所称"暂无计划改变上市公司现任董事会或高级管理人员的组成"是否相符，是否存在违反承诺的情形及判断理由，并说明拟采取的后续计划。要求其说明与华润股份是否系一致行动人及其事实和理由。

（5）2016年6月27日，深圳证券交易所向华润股份发出关注函，要求华润股份说明与钜盛华股份是否系一致行动人及其事实和理由。

（6）2016年7月8日，深圳证券交易所向万科股份董事会发出关注函要求限期书面说明媒体报道华润、深铁将溢价收购宝能系所持的股份，华润、深铁分列第一和第二大股东，万科股份将转变为国有控股企业。

（7）2016年7月21日，深圳证券交易所向钜盛华股份发出监管函，指出钜盛华股份于2015年12月、2016年7月披露的《详式权益变动报告书》在多次督促的情况下，仍未按相关要求将相关文件提交万科股份，违反了相关规定，深圳证券交易所对钜盛华股份采取发出监管函、对主要负责人进行监管谈话等措施，希望钜盛华股份吸取教训，遵守相关法规，切实履行信息披露义务。

（8）2016年7月21日，深圳证券交易所向万科股份发出监管函，指出万科股份在向监管部门提交《关于提请查处钜盛华及其控制的相关资管计划违法违规行为的报告》之前，向非指定媒体全文透露了未公开重大信息，违反了相关规定。深圳证券交易所对万科股份采取发出监管函、对主要负责人进行监管谈话等措施，希望万科股份全体董事、监事、高级管理人员吸取教训，遵守相关法规，切实履行信息披露义务。

（9）2016年7月21日，中国证券监督管理委员会深圳监管局向钜盛华股份发出关注函，要求钜盛华股份主要负责人接受诫勉谈话，要求本着对广大中小股东利益高度负责的态度切实履行股东义务，依法及时披露相关信息，妥善解决相关争议，采取必要措施避免影响上市公司持续发展和中小投资者利益的情形。

（10）2016年7月21日，中国证券监督管理委员会深圳监管局向万科股份发出关注函，要求万科股份主要负责人接受诫勉谈话，要求完善信息披露内部管理制度，本着对广大投资者利益高度负责的态度，以促进公司长远发展为宗旨，尽最大努力与各方股东积极磋商，妥善解决争议。表示将密切关注相关事项，依法履行监管职责，发现存在违法违规行为，坚决查处。

（11）2016年7月22日，中国证券监督管理委员会发言人在例行新闻发布会上表示，证监会一直在持续关注万科之争中各方当事人的言行，证监会将会同有关监管部门继续对有关事项予以核查，依法依规进行处理。

万科股份相关股东与管理层之争已经引起社会高度关注，相关各方本应成为建设市场、维护市场、尊重市场的积极力量，带头守法，尽责履职。但遗憾的是，至今没有看到万科股份相关股东与管理层采取有诚意、有效的措施消除分歧；相反，通过各种方式激化矛盾，置资本市场稳定于不顾，置公司可持续发展于不顾，置公司广大中小股东利益于不顾，严重影响了公司的市场形象及正常的生产经营，违背了公司治理的义务。对此，证监会对万科股份相关股东与管理层表示谴责。

希望相关各方着眼大局，本着负责任的态度，尽快在法律法规、公司章程框架内寻求共识，拿出切实行动，协商解决问题，促进公司健康发展，维护市场公平秩序。在此，证监会郑重重申，将坚持依法监管、从严监管、全面监管，对监管中发现的任何违法违规行为，都将依法严肃查处。

（12）2016年8月5日，深圳证券交易所向万科股份董事会发出关注函，要求说明中国恒大购买万科股份A股股票情况以及一致行动人情况。

（本文数据及资讯均源自中国证券监督管理委员会网站、国家企业信用信息公开系统网站、深圳证券交易所网站公开信息，由何雨欣整理）

挑战企业领导力——『万科股权之争』商业案例分析

中国有色金属行业的发展形势

2015年10月17日

前　言

从属性角度划分，狭义的有色金属又称非铁金属，是铁、锰、铬以外的所有金属的统称。广义的有色金属主要包括轻金属如铝，重金属如铜，贵金属如金，半金属如硅，稀有金属如锂，放射性金属如镭，合金金属如锌合金等，目前已发现64种有色金属。从交易角度划分，有色金属分为基本金属如铜、铅、锌、铝、镍，小金属如钴，稀贵金属如铂、锗等，目前有色金属交易量最大的是基本金属及其合金、稀贵金属及其合金。

有色金属是国民经济发展的基础材料，航空、航天、汽车、机械制造、电力、通讯、建筑、家电等绝大部分行业，特别是飞机、导弹、潜艇等军工，都以有色金属材料为生产基础。随着现代工业、农业和科学技术的突飞猛进，有色金属在人类发展中的地位愈来愈重要，它不仅是世界上重要的战略物资、重要的生产资料，而且也是人类生活中不可缺少的消费资料的重要材料。有色金属的加工和应用水平，一定意义上代表了一个国家的工业和科技水平。世界上许多国家，尤其是工业发达国家，竞相发展有色金属工业，增加有色金属的战略储备。

由于有色金属品类繁多，很难在短时间内逐一充分交流，本次讲座，将以铜、钼、铅、锌、钒、钛为重点，从资源和商业视角讨论中国有色金属行业的发展趋势，供大家参考。

一、有色金属矿产资源的基本状况

有色金属矿产资源在全球分布广泛但不均衡。迄今为止，人类运用现代科技手段在明矿区探明了丰富的、多种类的资源储量。工业文明以来，人类消耗了大量的、易开采的、高品位矿产资源。伴随着消耗和浪费的过程，进入21世纪以来，矿产资源的高品位时代渐行渐远，资源的有限性日渐凸显。一方面矿产资源的价格将随着其稀缺性和不可替代性而不断提高，另一方面矿产资源的保障性将对有色金属行业的发展产生重大影响。应用新技术提高矿产资源利用率，开发利用中低品位矿产资源和重复利用矿产资源，将是有色金属矿产资源利用的优先方向。

中国的铜、钼、铅、锌、钒、钛资源状况。根据亚洲金属网披露的美国资源调查局2014年公开的相关数据，全球和中国截至2013年，已探明铜、钼、铅、锌、钒、钛资源储量如下表：

单位：万吨

	铜	钼	铅	锌	钒（V2O5）	钛（TiO2）
全球	69000	1100	8500	25000	6300	75000
中国	3450	430	1275	1300	2295	21000
占比	5%	39%	15%	17%	36%	29%
注：钛资源储量仅以钛铁和金红石计						

中国已探明铜、铅、锌资源储量相对贫乏，钼、钒、钛资源储量相对丰富。不考虑在明矿区和盲矿区继续找矿，新技术应用提高资源利用率、节约资源、资源再利用和资源替代，应用领域扩大等综合因素，基于2013年探明资源和产销量状况，静态测算工业化年限如下表：

单位：年

	铜	钼	铅	锌	钒（V2O5）	钛（金红石）
全球	32	45.2	8	20	458	234
中国	4.2	58.1	2.7	2.3	376	167
注：钒钛资源仅以五氧化二钒和海绵钛、钛白粉计						

中国已探明铜、铅、锌资源工业化年限非常短，意味着对外依存度非常高。根据中国有色金属网、中国化工网披露的中国有色金属协会、中国化工协会2014年公开的相关数据，全球和中国2013年铜、钼、铅、锌、钒、钛精矿产量如下表：

	铜	钼	铅	锌	钒 (V2O5)	海绵钛	钛白粉
全球	2076	24.27	1102	1307	17.85	21.37	656
中国	671.9	7.83	496	517	8.65	9.14	215
占比	32%	32%	45%	40%	49%	43%	33%

中国的铜、钼、铅、锌、钒、钛精矿（含粗、杂、废等再利用原料）产量占全球30%至40%及以上，已经成为全球最大的生产国。

根据中国有色金属网、中国化工网披露的中国有色金属协会、中国化工协会2014年公开的相关数据，全球和中国2013年铜、钼、铅、锌、钒、钛精矿消费如下表：

单位：万吨

	铜	钼	铅	锌	钒 (V2O5)	海绵钛	钛白粉
全球	2124	24.31	1061.5	1244	13.75	20.3	642
中国	820	7.4	480	565	6.1	8.22	210
占比	39%	30%	45%	45%	44%	40%	33%

中国的铜、钼、铅、锌、钒、钛精矿消费量占全球30%至40%及以上，已经成为全球最大的消费国。

二、有色金属矿产资源的价值判断

从投资开发和商业交易角度判断有色金属矿产资源的价值非常复杂，如果以已完成详探，且以持有采矿权为前提，实践中主要从

以下几个方面判断：

（1）矿种（共伴生矿种）、品位、杂质等。

（2）区位（各种自然及人文保护区）、海拔、气候等。

（3）矿体分布：片状、带状、堆状、点状、连续性、矿床离地面深度等。

（4）资源总量（包括基础储量、保有储量），由此与国家相关标准对照，分为小型、中型、大型、特大型矿床。

（5）开采方式：露采（剥采比）、洞采（平井、斜井、竖井、垂直深度）、水文地质、城市管控等。

（6）开采规模：贫化率、地质恢复、生态维护、最佳经济年限、最大服务时限等。

（7）配套设施：用地、道路、供电、给排水、废渣和废水清洁化处置条件，区域社会承载力和文化兼容性等。

（8）国际国内现货、期货原料及产品价格水平，以及下游相关产业供求状况。

（9）宏观经济形势、行业预期、资源评审、市场拓展、资产估值。

在判断有色金属矿产资源价值的过程中，应把握几个重点问题：一是从地探工作量及投入看地探报告的广度和深度，从评价范围和标准看资源评审报告的真实性及科学性；二是综合评估矿种、品位、资源储量、分布状况、开采方式、区位、配套设施条件，判断产业能力和成本水平；三是法律、安全、环保特别是渣和水清洁化处置是否存在障碍或瑕疵；四是选择有资质、有经验、信用好的评价机构，考虑国际国内的作价体系和方式的差异，以及评价方法运用的合规性及科学性，国际资源与产品价格联动，产品系非撮合交易，国内资源与产品价格联动公允性不足，产品系撮合交易；五是未开发资源因缺乏生产业绩数据支撑，加之产品价值变动受流动性影响较大，用通常的基础法加收益法估值客观性不充分；六是开发或交易前开展资源验证勘探及咨询政府职能部门。

三、有色金属矿产资源的生产技术

20世纪80年代末以来，基于资源储备和环境保护，发达国家逐步萎缩、转移，甚至关闭有色金属初、中级产品产能，而新兴市场国家则迅速承接或新建有色金属产能，如中国的铜、铅、锌、铝产能全球最大，上述产品目前全球60%以上由新兴市场国家提供。有色金属产品供给的形式包括原料、半成品、初中级产品和高级产品等，均可进行现货与期货交易，目前发达国家主要集中供给原料和高级产品，并形成了集约化和垄断态势。有色金属产品的生产包括探、采、选、冶、综合利用、深度加工全过程，产业链较长，行业跨度较大，对生态环境敏感度较高。集约化、清洁化、高技术、高价值生产是有色金属产品供给的战略方向，目前高新技术特别是冶炼及合金核心技术仍然由发达国家如美国、日本、德国等掌握。

探矿技术已广泛应用遥探、航探、磁探、化探和物探等现代科技手段，明矿区大面积有色金属资源成矿带（区）易于发现，但盲矿区找矿还有许多问题需要解决；采矿主要分为露采和洞采，大型矿山已采用机械掘进和取矿，但降低贫化和生态恢复问题仍较突出；选矿已普遍采用电、磁、浮、重等工艺技术，药剂配方针对

性更强，一次选矿收率普遍较高，但中低品位难选矿关键技术有待突破；冶炼技术实现了较大突破，主要集中在规模化、清洁化、高效率、低成本等方面，但核心技术仍集中在少数发达国家；综合利用和深度加工，特别是特种合金、复合材料技术，仍有待突破；"三废"处理技术已经成熟且广泛应用，其中废水可以实现"零排放"，废渣可以实现全部再利用，废气可以实现净化排放，实施情况取决于企业的意识和经济技术实力。

中国目前铜、钼、铅、锌、钒、钛的产品生产代表性技术主要包括：铜冶炼技术为"双闪速熔法""艾莎炉法""三菱炉法""白银炉法""底吹炉法"，钼冶炼技术为"火法"，铅冶炼技术为"富氧底吹法"，锌冶炼技术为"湿法"，钒钛冶炼技术为"钙化焙烧酸性浸出法"生产五氧化二钒、"镁还原法"生产海绵钛、"氯化法"生产钛白粉、"电炉法"生产钛合金，多数从美国、法国、乌克兰等引进消化吸收。

四、有色金属产品的消费

20世纪80年代末以来，有色金属产品的消费呈大幅上升趋势，特别是航空航天、军工的消费更是高速增长，如飞机、导弹、火箭、卫星、原子能、通信、雷达、计算机等对有色金属产品高度依赖。目前发达国家的整体消费水平相对稳定，新兴市场国家突出增长。有色金属产品的消费通常以现货和期货两种方式实现，其中期货具有金融衍生属性和价值杠杆。有色金属产品的价格近30年来呈周期性波动，根据宏观经济和应用领域的变化，价格波动周期为3

至5年。影响有色金属产品价格的主要因素是资源价格、供求关系和流动性，其中中低价位区的价格由供求关系决定，中高价位区的价格由流动性决定。值得一提的是，对基本金属而言，企业基于管控价格波动风险的套期保值，被视为经营行为，损益列为当期收益；企业基于套利的期货交易，被视为投资行为，损益列为投资收益。以下为2002—2014年铜、铅、锌价格走势图。

2002—2014年铜价格走势图

LME铜（月线，2002年至2014年，单位：美元）

中国有色金属行业的发展形势

2002—2014年铅价格走势图

LME铅（月线，2002年至2014年，单位：美元）

2002—2014年锌价格走势图

LME锌（月线，2002年至2014年，单位：美元）

2013年中国的铜、钼、铅、锌、钒、钛均价（现货）如下表：

单位：元/吨

阴极铜	金属钼	铅锭	锌锭	钒(V2O5)	海绵钛	钛白粉
52316	253000	14335	14896	72830	54100	15800

2013年，铜、钼、铅、锌、钒、钛整体价格水平是在2007年高峰状况大幅回落后低谷徘徊的表现。随着国际国内经济复苏，2014年5月以来整体价格水平呈现出小幅上扬，预计未来3—5年间，在去库存化因素减弱、需求因素增强和流动性因素加大的影响下，价格增长将在3%～5%及以上幅度继续保持。

中国铜、铅、锌原料对外依存状况。2013年，中国进口铜精矿10080485吨，废杂铜4372718吨，锌精矿1994306吨，铅精矿1494000吨，铜、铅、锌原料依存度（包括精矿、粗料、废料回收）分别为65%、32%、38%。随着资源的消耗和需求的保持及增长，铜、铅、锌原料到"十三五"末对外依存度将均超过70%以上。中国铜、铅、锌行业未来的发展将受到原料保障的瓶颈制约，战略调整有两个方向：一是控制国外资源，保障国内生产；二是产能转向国外，满足国内需求。

五、有色金属行业的竞争战略

坚持控制资源战略，面向全球，采取申请矿权，参股或控股矿权，参与矿权拍卖等方式，有效获取矿产资源。坚持技术进步，采用自主、联合、引进等方式，有效获取新工艺、新技术，提高效

率，降低成本，实现清洁生产。按照科学价量关系，合理确定原材料和产品库存，既保证经营性项下现金流，又博弈市场价格。在中高价位区加大标准合约中远期期货销售，锁定利润，实现跨期跨市套利。在中低价位区实行经济规模生产，降低综合成本，追逐边际盈利。积极加大原料生产规模，适时投放市场，获取利润支持。谨慎扩大产能规模，避免产量过剩，导致量高价低，损害战略利益。

21世纪以来，随着资源短缺、环保加强和需求转移，有色金属全球范围内的行业并购整合日显活跃，主要集中在资源控制、技术转让和产能转移。跨国资源并购是战略方向，也是战略风险，主要集中在资源所在地的法律风险、政治风险和配套设施提供风险。特别是中国企业境外并购要突出关注资源的可靠性、法律风险的可控性和配套设施完善且持续性。技术转让或面临限制门槛、高成本代价和捆绑转让陷阱，且不易消化吸收再提高，知识产权门槛不易突破。产能转移容易陷于就地难、异地也难的境地，主要是法律、劳资和文化冲突。有色金属行业并购整合需要企业理性判断、金融的积极支持，更需要国家实力有效保障。

国际国内铜、钼、铅锌和钒钛行业30年发展历史表明，从企业自身角度分析，行业企业的竞争优势关键体现为资源加技术。要实现高水平盈利和可持续发展，主要由发展战略、经营管理、文化建设三个因素和原料自给、工艺技术、综合利用、深度加工、经济规模及清洁生产六个条件决定。宏观经济调整和市场因素变化，对铜、钼、铅锌和钒钛行业发展具有较大影响，但行业优势企业的影响力和话语权不会因此消减。

六、有色金属行业的发展趋势

充分利用中低品位资源，有效节约资源，尽可能回收再利用资源。提高产能集约化、清洁化、高效率、低成本水平。发展多金属特金材料、复合材料，推动相关产业突破性、可持续发展。有色金属产业未来的发展取决于资源的保障性、技术的先进性和环保的可靠性。

有色金属产业原料的替代性将是未来发展的重要战略课题。新技术革命将开启有色金属产业发展新的空间，包括应用领域的拓展等。

铜、钼、铅、锌、钒、钛既是不可或缺的工业原料，也是重要的战略物资，集中体现在新特金属复合材料领域，应用范围涵盖民用、军工、航空航天等50多个行业，应用水平代表了一个国家的科技能力和综合实力。铜、钼、铅、锌、钒、钛产品原料基于自然资源，其巨大且持续的市场、不可再生的资源及有限的替代和再利用，赋予行业广阔的发展空间。

中国有色金属行业就生产和消费整体规模而言是目前全球最大的行业，有色金属矿产资源的探、采、选技术与国际同行业差距较小，冶炼技术与国际同行业基本一致，但清洁生产、资源利用、技术创新等尚有较大差距，特别是原料保障和特种合金材料技术的瓶颈制约十分明显，提高行业集中度，加强高新技术研发和应用，充分利用中低品位及替代性资源，与国际交易模式接轨，是中国有色金属发展趋势。

结束语

有色金属行业是关系到国民经济、人民生活、工业生产和科学技术的重要行业，有色金属产品是重要的基础材料和战略物资，有色金属行业发展水平代表了国家的科技水平和工业实力。

有色金属行业的可持续发展，取决于企业资源保障、技术创新和清洁生产水平，制胜于企业资源整合、市场博弈、战略竞争能力。人类正面对快速消耗终将枯竭的资源形势，麦肯锡资深合伙人斯蒂芬·赫克等，用时10年撰写的《资源革命》一书，提出了资源枯竭是21世纪的最大商机，"替代、优化、再循环、消除浪费、虚拟化"五个重点是后工业革命的方向，对有色金属行业而言尤为重要。

企业文化培育与管理团队建设

2014年7月9日

21世纪初以来，中外学者研究结果和企业实践表明，企业文化内化于心，外化于行，是企业不可或缺的精神力量，是企业经营管理的思想源泉，是企业战略发展的重要动能。企业文化建设的实质是企业的思想和行为建设，应坚持把企业的思想与行为纳入法律和制度的轨道。企业文化建设的核心是团队价值观和行为观建设，应不断提升全员的责任和道德意识、决策和执行能力。

一、企业文化的提出

20世纪80年代初，美国企业整体管理水平不及日本企业，美国学者在对美国和日本类似企业的管理差异进行比较研究基础上，首次从管理学角度提出了企业文化概念，但仅限于价值观和团队精神。既后，美国和日本学者对企业文化开展了深入探讨，出版了研究企业文化的专著，比较系统地说明了每个企业都存在自己的企业

155

文化，并对企业文化的构成因素，以及对企业发展的作用进行了详细阐述，为此奠定了企业文化研究的基础和方向。

20世纪末，在改革开放，发展商品经济的背景下，中国开始全面关注企业文化，由于社会文化和企业制度的不同，基于市场的企业培育成熟度不高，中国学者对企业文化的研究相对滞后，理解不尽相同，更多的是将注意力放在企业形象塑造、公益慈善举措、文娱体育活动等企业文化的部分表现形式上。与发达国家相比，企业文化的差异将使中国企业在国际化竞争中面临诸多挑战。

企业文化的提出，旨在通过对企业文化的研究，深刻认识并充分发挥企业文化的作用，提高企业可持续发展的综合竞争力。企业文化提出的过程，经历了由实践到理论，由特殊到普遍，且不断丰富完善的演变过程。随着企业发展的不断深入，企业文化还将从更高层次、更宽领域提炼出更加丰富的内涵。

二、企业文化的概念

中外学者在综合理论研究和实践经验成果的基础上，对企业文化的理解原则差别不大，具体表述有异。相对完整和准确的企业文化的概念为：企业价值观、思想理念和行为准则的总和。价值观是对行为的价值判断和取向，思想理念是对行为的动机和目的，行为准则是对行为的原则和标准。企业文化是通过思维到实践的过程，具有丰富的内涵和外延，不同企业的企业文化表现为不同形式和不同结果。

企业文化属于亚文化范畴，与社会文化既有联系也有区别，既存在共性也各有个性。社会文化表现的是社会意识形态，具有地域性、民族性和结构性，对社会行为产生多维度影响。企业文化是不同企业范围内思想和行为相统一的管理范畴，起始于思想，体现于行为，既是股东文化也是全员文化，对企业生产经营和战略发展发挥作用。

企业文化与企业性质、行业特点、实际控制人理念和风格有关。如国有企业注重程序文化，民营企业追求效率文化；制造行业崇尚品质文化，服务行业突出客户文化，科技行业强调创新文化；国有企业实际控制人决策管理文化受行政规范制约，民营企业实际控制人决策管理文化受市场行为影响。不同企业的企业文化本质和作用相同，但内容和形式差异明显。企业文化可以借鉴，很难复制，这是由企业个性和企业文化属性决定的。

三、企业文化的要求

1. 明确的发展战略

战略管理是企业管理的首要问题，也是企业管理的薄弱环节，先进的企业文化就是要打造企业强大的战略支撑力，形成全员理解和执行，包括战略定位、战略目标、战略措施、目的地、路线图、任务书和责任状在内的战略管理体系。

2. 积极的价值取向

秉持为国家和社会创造财富的理念，具有使命感和责任感，依法合规从事生产经营，坚持诚实守信，公平竞争，合作共赢，回报

股东的投资价值和团队的付出价值，确保企业健康持续发展。

3. 正确的行为方式

建立健全完善的治理结构、规章制度、机制流程和管控体系，做到科学决策，强力执行，有效监督。坚持用制度管人，机制管事，充分发挥集体智慧和协同精神，使所有企业行为有序高效，权、责、利有机统一。

4. 公平的成长机会

建立健全科学的人力资源管理体系，切实做到公平竞争，唯才是举，人尽其才，避免任人唯亲、妒贤嫉能。一方面用长效机制尤其是用人机制和分配机制，促使人才的能力成长，职位、职级晋升和价值回报；另一方面通过培训、交流等形式，提升高级管理人员的决策能力、中级管理人员的执行能力、员工的岗位能力。

5. 宽松的人文环境

营造愉快和谐的工作氛围，把压力变成动力，将责任化为激情，相互尊重，相互学习，密切配合，既可共事亦可为友，促进全员热爱工作，享受工作，努力培育共同的事业、共同的家园，不断提高凝聚力和归宿感。

四、企业文化的作用

企业文化对企业经营发展的作用可以通过影响力分析定量和定性表现。以英国经济学家克拉克为代表的西方学者相关研究结果表明，如果把技术、管理、市场和文化设定为影响企业利润和发展的4个要素，在第一、二、三产业中，4个要素的影响力系数各不相同，其中企业文化的影响力系数最低可达20，最高可达35，同时按产业顺序排列企业文化影响力系数成正增长趋势，说明了企业文化的作用在不同产业中均具有影响力，产业智力密集型程度越高，企业文化的影响力系数越大。

企业文化的作用集中表现为对人的思想意识和行为观念的影响，主要包括凝聚作用：用共同的目标和愿景，促使全员精诚团结，忠诚敬业，形成有效的共识及合力；吸引作用：用共同的事业和共赢的选择，吸引优秀人才、优质客户，形成持续稳定的人才战略和经营管理战略；导向作用：用正确的价值观和行为观引导全员思想和行为，形成促使企业健康发展的巨大精神力量和执行力，有效防范经营管理风险；激励作用：用有效的价值体现，充分调动全员的积极性、主动性、创造性、使命感和责任感，突出管理制胜的综合竞争力；约束作用：用有效的思想和行为规范，促使全员自我约束的意识，做正确的事，防无谓的错，形成涵盖所有部门、岗位和人员的风险管理体系。

五、企业文化的建设

（1）确立企业价值观：确立企业和全员行为正确的价值判断和取向，核心是财富观和行为观，牢固树立依法聚财，以德散财，依法作为，以德立事。

（2）培育企业精神：通过理念、宗旨、使命和准则建设等，不

断培育和强化以创造和责任为核心的企业精神，在企业生产经营过程中及全员的岗位职责中充分展示，并赢得社会的认同。

（3）提升企业经营理念：从法律、人文、社会、国家、民族的高度和广度，全面提升企业经营理念，形成正确的世界观和方法论，把国家强盛、民族复兴、社会进步和经济发展作为企业使命和责任，作为全员之奋斗目标。

（4）规范企业道德：突出诚信、责任和价值建设。企业所有行为必须以法律为准绳，以道德为底线。

（5）塑造企业形象：良好的企业形象，是以社会的信任和尊重为最终认同。企业应通过全部行为向社会展示正面形象，切实避免和消除负面影响。企业形象的本质是自己创造了什么，向社会奉献了什么。

（6）企业文化建设是长期复杂的过程，也是个性与共性统一的过程。

企业文化建设是企业总体发展战略的重要内容，关键取决于决策层和管理层的认识和重视。企业文化建设要借鉴先进经验，结合自身实际，统筹规划，持之以恒，行之有效，重在结果。

六、企业文化与管理团队

企业文化建设属企业管理范畴，企业管理是行为学科，管理团队是企业行为的主体。实践证明，经营企业实质是经营团队，管理团队的行为决定了企业的兴衰成败，因此，企业文化建设的核心是打造优秀的管理团队，主要包括以下五方面：

（1）道德建设。相关研究表明，企业在选择管理者时，把道德放在首位；企业发生的风险，绝大多数出自道德风险，因此，企业全员的道德建设是企业文化建设的首要任务。道德建设的关键是树立理想和信念。

（2）能力建设。企业在激烈的市场竞争中，要实现技术进步、产品换代、模式创新、管控风险和持续盈利，最终取决于管理团队的能力。企业文化建设的重要任务是确保提供制度性安排，通过经常性的知识学习和技能培训，促进全员综合素质和专业能力不断增强。能力建设的关键是提高全员素质和技能。

（3）责任建设。"管理即是责任""利润来自责任"是现代管理学界的共识。责任建设关键是建立科学完善的责任体系，从制度、机制和流程上防止失责；同时增强全员责任感，形成自觉守责，这是企业文化建设的长期任务。责任建设的关键是认真和担当。

（4）兼容建设。加强工作中的协同配合，深化交流，形成团队意识和战斗力，避免各自为政，个别目标驱动影响企业整体战略。兼容建设的重点是行为各方增进理解，主动配合。其取决于管理团队，关键是沟通和协作。

（5）自律建设。企业是社会的一部分，全员是展示企业形象的窗口，其言谈举止、衣着打扮、待人接物、兴趣爱好、为人交友等，都应把他律变为自律。企业全员的自律程度体现了企业素质和个人素质，也是赢得尊重、展现价值的重要因素。自律建设要从思想认识做起，从细节做起，从领导做起，并通过制度和考核持之以恒。自律建设的关键是知畏和慎行。

参考文献：

1. 王祥伍、黄健江：《企业文化的逻辑》，电子工业出版社，2014年版。

2. （美）道格拉斯·霍尔特、道格拉斯·卡梅隆：《文化战略——以创新的意识形态构建独特的文化品牌》，商务印书馆，2013年版。

宏观经济新趋势与企业转型新策略

2014年6月5日

在世界经济结构和格局调整，中国经济转型发展增速放缓的背景下，如何分析判断宏观经济发展趋势，企业发展如果调整应对，相关资讯披露了许多学术界和企业家的观点，从逻辑上看这些观点都有道理。我作为企业管理者，虽然没有专门研究，但长期关注宏观经济，因此，本次讲座仅从企业的理解和感悟角度，在参考相关行业研究报告基础上发表一些看法，供大家讨论。

一、世界经济发展的新趋势

21世纪初以来，受主要经济体政策调整和全球市场变化的影响，世界经济发展的主体格局发生了改变，美国独树一帜的经济优势开始弱化，已经形成发达国家、新兴市场国家和发展中国家三大经济群体。由于自然禀赋、社会制度、人文历史等差异，世界经济发展不平衡的区域格局仍然存续。在发达国家经济增长乏力的背景

下，新兴市场国家经济的快速增长，为世界经济发展贡献了积极动能。近年来新兴市场国家经济增速有所下降，发达国家经济增长逐渐复苏，两大经济群体周期性交替引领或成为世界经济发展的持续力量。

根据国际研究机构预测，未来20年，发达国家经济年均增长可为1%～3%，新兴市场国家经济年均增长可为4%～7%，一些新兴市场国家或进入发达国家行列，一些发展中国家或进入新兴市场国家行列，世界经济发展在资源、能源、技术、金融和市场领域的竞争更加激烈，政治和安全、资源和环境、全面创新和金融风险、局部冲突和不可抗力等因素，将影响世界经济发展的趋势、格局。

二、中国经济发展的新战略

20世纪末以来，中国推动改革开放，积极探索发展社会主义特色商品经济，经济实现了持续近30年高速增长，2013年GDP达到588019亿元，居世界第二位，为国家强大和人民富裕奠定了坚实的经济基础，也为未来经济发展积累了强大的财富实力和丰富的实践经验。但中国经济高速增长在一定意义上具有工业化和商品化成长期的恢复性特征，整体质量和效益不高，低技术、低价值、高消耗、高污染的发展方式难以为继，不可持续。在产能严重过剩，生态环境和资源能源瓶颈制约，金融和债务风险升高，传统增长动能乏力，国际经济竞争加剧的背景下，中国经济放缓增速，转变发展方式是必然选择。

2012年以来，为推动经济健康稳定、协调持续发展，中国主动放缓经济增速，在确保避免硬着陆的前提下，调整国家政策制度，促进经济向高技术、高价值、低消耗、低污染发展方式转变，特别是大力培育高新技术产业和服务行业，支持传统产业升级换代。虽然转变发展方式有阵痛，需时间，但中国经济潜力大，空间广，韧性好，经济仍然保持了年均7%以上增速。根据国家研究机构的分析和预测，中国经济成功实现发展方式转变的时间不会超过2020年，推动经济持续增长的主要动能是基于市场的消费、服务行业、高新技术产业及新经济产业，投资和进出口对GDP的增长贡献更多是取决于阶段性政策制度安排以及国际市场的变化。未来20年，中国经济将保持年均6%～7.5%增速。

三、企业转型发展的新策略

在世界经济发展的新趋势和中国经济发展的新战略背景下，国际国内市场竞争更加激烈，传统行业、产业、市场已经并正在发生重大调整，有的衰退，有的转移，还有的整合及兴起，企业的主营业务、竞争优势、盈利能力面临诸多挑战，企业转型不管是出于主动还是迫于被动，都是企业生存和发展必然的选择。企业转型是发展战略、经营业务、经营模式、组织方式和要素配置等整体性转变，原因是市场变化，目的是提高盈利能力。

企业转型的决策事关重大，一定要充分调查研究，深思熟虑，统筹兼顾，谋定而后动，按计划有序推进，切忌顾此失彼、盲目跟从。企业转型的方式包括产业、产品和资产结构调整，技术创新、产业链延伸、供应链优化、商业模式再造、并购重组等，应该从需

要和可能两个维度进行分析判断。企业转型要基于要素条件保障、技术能力支撑、人才队伍优势、市场竞争预期，如果不从企业和市场实际出发，结果变幻莫测。企业转型风险与机遇并存，关键在于正确决策，抓住机遇和控制风险，成功与否取决于决策者的智慧和胆识，取决于管理团队的执行力和责任感。实践表明，企业转型最佳的选择之一是充分利用自身长处，行业和区域跨度不宜过大，善用第三方机构的专业和经验，借鉴成功案例，与优势企业联合，可以优势互补，少走弯路，可以增强抵御风险能力，获得更多机遇。

企业转型从方式意义上包括商业模式创新。商业模式是20世纪中期出现、20世纪末流行的管理学概念，由许多要素构成，实质是企业盈利的途径和方式。不同产业有不同的商业模式，随着产业结构调整和市场环境变换而不断更新。商业模式创新的基本原则：以可持续盈利为目标，以整合有效要素、提高综合效率、再造运行系统、控制经营风险、提高创新能力和增强竞争优势为重点，统筹兼顾，稳健进行。商业模式创新关键是要强化全面创新，避免"等死"；要强化全面风控，避免"找死"；要强化团队建设，增强核心竞争优势；要强化品牌建设，增强价值创造能力。

商业模式创新包括许多内容，在现实实践中主要突出营销、盈利和成长三个方面：营销模式创新核心是拓展市场份额和客户群，降低推广成本，严控应收账款风险；盈利模式关键是选择产品价差赚钱，提高服务赚钱，出让技术和资产赚钱，以及资产增值或品牌溢价赚钱等途径，并落实在到底是经营、投机、冒险还是创新等具体方式；成长模式关键是企业选择什么方式能做强做优，持续发展。商业模式创新具有继承性、借鉴性和颠覆性，好的商业模式被视为企业核心竞争力的组成部分。在互联网和新经济背景下，商业模式创新为商业智慧提供了更加广阔的价值创造空间。

综上，全球经济的发展受各个国家和地区经济社会发展的影响，也会因地缘政治、宗教文化、地区安全、政策制度等冲突或发生变化，但一体化、差异化、持续发展的基本趋势不会改变。中国经济长期高速增长不可持续，放缓增速是基于经济质量的战略调整，对经济社会发展会有短期影响，但中国地域辽阔，人口众多，市场潜力巨大，有改革开放近40年的财富和经验积累，经济韧性好，活力强，有能力和条件长期保持中高速增长。企业转型是可持续发展战略的需要，是否转型成功，取决于企业的综合实力和商业智慧。

参考文献：

林跃勤、周文等编：《金砖国家发展报告（2013）》，社会科学文献出版社，2013年版。

民营经济的做强做优之路

2012年3月26日

中国改革开放30多年来的实践证明，民营经济作为改革开放最重要的成果之一，是民众富裕的途径、国家强盛的基础、社会和谐的保障、中国经济健康持续发展的选择。正确判断民营经济的发展形势，对充分认识民营经济的地位和作用，调整完善相关政策和制度供给，进一步促进民营经济做强做优、可持续发展，具有重要意义。

一、民营经济的发展状况

民营经济是中国经济的重要组成部分，2010年底，民营经济已分别占企业总数的90%以上，工业总产值的60%以上，工业增加值的40%以上，出口额的60%以上，就业机会的70%以上。

根据在相关研究基础上的预测，到"十二五"计划末，中国经济所有制形式结构将形成"2-2-6"的大致格局，即在中国经济总量中，国有经济将占比约20%，外资经济（独资及合资）将占比约20%，民营经济将占比约60%。在未来发展过程中，因政策调整和市场变化民营经济占比可能发生改变，但民营经济在中国经济发展，特别是地方经济发展中将占据主要地位，发挥重要作用的价值却是国家强大、人民富裕和社会进步的需要。

二、民营经济的发展历程

民营经济的发展历程至今可分为三个阶段：第一阶段为1978—1986年，主要存在方式是个体工商户，基本特征：家族化，小宗商品经营；第二阶段为1987—1992年，主要存在方式是私营企业性质的商贸公司和工厂，基本特征：一定数量的雇工，一定规模的商品经营和产品生产；第三阶段为1993年至今，主要存在方式是公司制、集团化，基本特征：较大规模的雇工，大宗商品经营和大宗产品加工制造。

三、民营经济的主要特点

民营经济的主要特点有产权明晰、机制灵活、勇于创新、强于发展。产权明晰：包括所有权、占有权、使用权、支配权和处置权从法律意义上十分明晰，可以真正实现自主经营，自我约束，自负盈亏，自我发展；机制灵活：包括决策、执行、用人、分配等一系列经营管理机制，基于市场竞争；勇于创新：为了获得市场竞争优势，长期坚持制度、机制、管理、服务、产品、技术等创新；强于

发展：主要体现在市场竞争、要素效率和追逐利润。

四、民营经济的主要问题

（1）发展环境不宽松：所有制歧视，监管法规缺失，领域准入限制，财税负担差别；融资渠道不畅通：贷款难，担保难，成本高；市场竞争不公平：资源分配和要素供给不合理，行业垄断；社会意识不公允：患寡文化与仇富心理的冲击，贫富差距与仁德区别的压力，社会责任与公益慈善的影响。

（2）治理结构、规章制度和管控体系不完善；任人唯贤不充分，优秀职业人才不易加盟；投机性强，战略性弱，规范性较差，风险性较高；实际控制人知识结构、社会阅历、行业经验、个性风格对重大决策和经营管理影响很大；产品技术、价值和清洁化含量不高；集约化水平较低，生命周期不长。

（3）受资本、技术、人才和积淀的制约，民营经济在高新技术产业、高端服务行业和新兴商业模式应用等领域占比较小，主营业务突出分布于传统产业：第一产业占比约45%，集中在农、林、牧、渔业；第二产业占比约35%，集中在采掘、建筑、制造业；第三产业占比约20%，集中在餐饮住宿、批发零售、交通运输业。

五、民营经济做强做优的管理途径

（一）树立先进的经营理念

经营理念是企业基本信念、价值标准和行为准则的总和，它贯穿于企业的全部活动，指导企业选择发展方向，影响企业全体成员的精神面貌，决定企业的素质和竞争能力。因此，先进的经营理念是企业做强做优、持续发展的思想基础和行为指南。先进的经营理念具有地域性、前瞻性和独特性，并由核心团队人员文化特质、综合素质和实践经验提炼升华形成。民营企业要树立通过依法合规实现企业价值，为国家和社会创造财富的经营理念。

（二）制定科学的发展战略

发展战略决定企业如何实现定义的价值创造，关系到定位是否准确，能否由小到大，由弱到强，走向何方，能走多远。企业经营管理制胜，首先是发展战略制胜，因此，科学的发展战略是企业做强做优、持续发展的前进方向和实现途径。科学的发展战略包括准确的行业定位、清晰的目标设立和有效的组织实施。民营企业的发展战略要克服短期、投机行为，致力深耕主营业务的"专"和"精"，形成强大的战略支撑力。

（三）建立完善的企业制度

企业领导力和执行力如何高效有序地运行是一个复杂的系统工程，需要制度约定。完善的决策、执行、监督制度体系，是企业全

部经营管理活动的行为准则。无章可循或有章不循必然带来经营管理混乱，因此，完善的企业制度是企业做强做优、持续发展的重要条件。企业制度建设应着重抓好科学性、完整性和执行性，并建立相应的奖罚机制。民营企业的制度建设重点是实际控制人要增强规矩意识，坚持照章办事，杜绝随心所欲，防止个人说了算。

（四）培养杰出的管理团队

企业竞争实质上是人才竞争，企业优秀总是因为管理团队优秀，经营企业也就是经营人才。管理团队是实现企业战略目标的组织者和实施者，企业经营管理优劣很重要的因素取决于管理团队能力，一流的管理团队才能创造一流的经营业绩，因此，杰出的管理团队是企业做强做优、持续发展的核心动力。杰出管理团队的形成包括选拔人才、培养人才和使用人才，关键是建立吸引、培养、任用、尊重人才价值的长效机制。

（五）实施有效的内部监控

内部监控作为一种避免行为犯错的长效机制，它贯穿于企业全部活动的始终，其根本目的是促使企业制度全面正确执行，防止行为风险。管理需要权力，权力即是责任，失去监控的权力有可能被滥用，因此，有效的内部监控是企业做强做优、持续发展的必要保障。有效的内部监控应该把行为制衡和事前防范作为重点，并建立专门机构，组织专门人员持之以恒地进行。

（六）凝练优秀的企业文化

文化是企业的思想灵魂，直接影响企业的理念、使命、价值取向和行为习惯，企业的价值观和行为观最终取决于文化。文化是企业的精神动力，对激发管理团队提高凝聚力，发挥创造力，增强责任感，具有物质力量不可替代的作用。企业经济价值实现过程也就是企业文化价值实现的过程，因此，优秀的企业文化是企业做强做优、持续发展的最终动力。凝练优秀文化的关键是培养核心团队全员正确的价值观和科学的行为观，使之在企业发展的全部过程中持续焕发事业激情和工作活力。

（本文数据源自全国工商联研究室专题调研报告）

参考文献：

1. 黄孟复主编：《中国民营经济发展报告（2011—2012）》，社会科学文献出版社，2013年版。
2. 戴园晨：《中国经济的奇迹——民营经济的崛起》，人民出版社，2005年版。

企业国际商务谈判

2012年11月3日

国际商务谈判是一项非常复杂的商务安排，涉及商业、技术、法律、文化等许多问题。20世纪末以来，随着中国对外开放的不断扩大，中国企业的国际商务谈判逐渐增多，主要集中在一般商品贸易、工程承揽、技术引进、外商投资合资等领域，未来趋势将向境外投资、境外并购重组、境外上市和资本市场融资等方向发展。对中国企业而言，国际商务谈判当前和今后一段时期最大的挑战是熟悉情况、积累经验和建设团队。本次讲座仅从一般意义上，就国际商务谈判的基础性知识，结合实践体会，与大家共同讨论。

第一，国际商务谈判可以归纳为与不同国家或地区的利益主体之间围绕经济目的开展的商业活动，一般包括商品贸易、项目或股权投资、技术或资本合作、并购重组等。1978—2002年，中国企业的国际商务谈判重点是进出口贸易、引进技术或资金，组建合资或合作企业，谈判对方主要是我国港台地区和东南亚国家企业。2003年至今，中国企业的国际商务谈判重点之一改变为中国企业境外投资，重组并购欧美和非洲资源、技术及品牌企业，还涉及产业和基础设施项目建设，谈判对方包括不同国家、地区的政府部门和其他经济组织。

国际商务谈判因为不同国家或地区之间的多种差异，不可避免会面对许多挑战，主要包括：母语不同对交流和理解带来一定障碍，政治因素对交易架构和权益交割或造成非商业性影响，法律冲突对条款谈判和生效实施或形成不利及隐患，文化差异对双方理解和认同需要更多形式及时间融合，由于地理条件和程序要求谈判的时间成本相对较高。此外，宗教信仰、突发事件、不可抗力因素等，也会给谈判的进程和结果带来不确定性。

第二，国际商务谈判的类别和形式按不同标准可划分：以主体不同划分谈判对方为企业、政府和其他经济组织；以标的不同划分为贸易谈判、技术谈判、服务谈判、工程项目谈判、投资谈判、并购谈判；以形式不同划分为一对一谈判、小组谈判、多边谈判；以程序不同划分为横向谈判、纵向谈判，主场谈判、客场谈判、主客场轮流谈判、第三地谈判，口头谈判、书面谈判，正式谈判、非正式谈判，一般谈判、高级谈判、多层次谈判、多主体分类谈判。

不管什么类别和形式的谈判，其基本原则：利益、自愿、平等、求同存异、合法、诚信、防诈、灵活；主要特征：国际性强、政治性强、以我国商法和国际法为准则、复杂性、人员素质、以利益为目的、以价值谈判为核心、实力取胜、合作与冲突、严密性与准确性；行为逻辑：是什么——为什么——怎么做——结果怎样，标的——条件——价格——执行——风险——处理。

第三，国际商务谈判是一项复杂的系统工程，涉及许多方面的事

项。前期准备工作主要包括：资讯收集，即谈判对方的背景、信用、经营、财务，以及标的、行业、市场、法律、文化等信息；组织准备，即谈判代表、人员结构与规模、配合与支持等；谈判预案，即谈判目标、原则、策略、议程、议题、合同文本等；谈判安排，即时间地点、行程计划、场所布置、食宿安排、参观游览、商务礼品等。

国际商务谈判的过程有国际惯例要求，主要包括：函件体例规范、内容准确、语气祥和；接待热情周到、不卑不亢、规格适度；语言表达得体、充满智慧、展现素质，具有逻辑性和吸引力；衣着展现气质和形象，不同场所着装得体，注重形象的统一性；迎送或签约仪式要精心准备，规格大小、隆重程度与宾客身份地位和谈判成果相适应；宴会按内容与形式相适应的原则酌情安排；礼品注重工艺精美和文化内涵，体现礼仪价值。

国际商务谈判具有基本程式和策略，即开局阶段营造良好的气氛，选择有利的陈述，开展适宜的互动；磋商阶段不轻易改变标的，采用多形式的价格组合，强调相关配套条件，选择有利可控的实现方式，巧妙化解僵局；签约阶段按国际惯例格式和条款拟定合同文本，注重原则约定条款，选择一般惯例条款，落实后续工作时间表。如果谈判失败要备有余地和机会的考虑、实力与风度的展现、形象和印象的刻留。

第四，实践表明，重大国际商务谈判一般都有政治因素和政府背景影响，成功经验不少，失败教训更多，失败率高于成功率，可以借鉴，很难复制。正常国际商务谈判容易陷入的误区主要包括五个方面：一是前期准备不足，特别是对实质性问题因多种缘故缺乏充分准确的尽职调查基础保障而发生误判；二是不熟悉相关法律和国际惯例，在交易架构、交割条件的表述和实现方式上出现障碍；三是主要内容超出谈判范围影响既定谈判主题；四是谈判主体内部意见不统一或与聘用的中介机构意见发生分歧，容易被对方突破谈判底线；五是文化冲突和风格差异影响谈判顺利进行。

防止国际商务谈判陷入误区的方法很多，最重要的有三个方面：一是充分利用客户、合作伙伴、银行、咨询机构、会所、律所、投行，以及资讯公开平台，通过信息交流、购买服务、现场尽职调查等方式，尽可能详尽准确了解和掌握谈判对方和标的的相关情况，这是谈判成功的坚实基础；二是在企业内部选择有国际商务谈判经验的人员组成专门团队，重大国际商务谈判可聘请外部专家顾问和中介机构直接参与谈判，共同商定编制谈判细节及计划安排，坚持原则、施展技巧、统筹兼顾、异曲同工，突出己方诚意和亮点，抓住对方诉求和弱点，用专业能力和商业智慧赢得谈判；三是针对对方关切，掌握谈判主动权，坦诚相奉，陈述现实状况，描绘愿景，增强信用价值影响力。

第五，随着全球一体化进程的推进及中国改革开放不断深入，中国企业走出国门，参与国际市场越来越多，国际商务谈判将成为中国企业的经常性商务活动。中国企业要在国际商务谈判中取得更多成功，还要在不断总结经验的基础上，努力持续地提高国际商务谈判的专业能力和整体水平。

在充分进行前期准备工作的基础上，理性选择适合自己的、具有可实现性的商业标的，经过论证和评价后，精心组织并进行商业谈判，尽可能争取实现既定商业目标。要尽量避免中国企业在国际商务谈判中存在较多的准备不充分，选择不适合现象。

　　国际商务合同要力求完善、准确和严谨，对实质性问题和关键条款的约定和表述，包括价格、质量、支付、承诺、终止和退出等，要防控履约和毁约的商业和法律风险，尤其是在中国法律服务尚未形成对中国企业国际商务进行有效支撑的背景下，中国企业在签订和执行国际商务合同时应首先考虑法律风险。

　　中国企业在商定和执行国际商务合同中，要正确合理地聘请境外包括会所、律所和投行等中介服务机构。境外中介服务机构具备资质，有专业能力和行业经验，熟悉行业情况，融合本土文化，是中国企业进行重大国际商务谈判必不可少的参谋助手，但其费用较高，效率较低，特别要事先约定行为边界，明确义务与责任，防止过度依赖，造成或被"代理"、被"绑架"不确定性后果。

　　中国企业进行国际商务谈判，最大的瓶颈制约是经验和人才。受多种因素影响，中国企业整体国际化水平不高，国际商务经验不足，只能靠学习借鉴和实践积累，人才缺乏主要靠自己培养和从外引进。从中国企业的国际化战略意义讲，人才是决定因素，是制胜之本。中国企业要高度重视并切实加强国际化人才队伍建设，使优秀的国际化团队在国际市场竞争中成功展现企业能力、企业价值和企业风采。

参考文献

1. 刘春生主编：《国际商务谈判》，对外经贸大学出版社，2013年版。

2. 张煜：《商务谈判》，四川大学出版社，2005年版。

企业执行力的构建和提高

2011年2月19日

本次讲座主要讨论企业执行力的构建和提高，从理论与实践相结合的维度，采取充分互动的方式，与大家进行交流。

一、正确认识、充分理解企业执行力

关于企业执行力，世界著名的学者、企业家从不同角度和意义有许多深刻理解。美国现代管理之父彼得·德鲁克认为："管理是一种实践，本质不在于知，而在于行。"美国通用公司CEO韦尔奇认为："没有执行力，就没有竞争力。"美国微软公司董事长比尔·盖茨认为："在未来的十年里，我们面临的挑战就是执行力。"美国DELL公司董事长迈克尔·戴尔认为："执行力就是在每个阶段、每个环节都力求完美，切实执行。"日本航空董事长稻盛和夫认为："管理的关键在执行。"美国ABB公司董事长巴尼维："经理人的成功，5%在战略，95%在执行。"

　　企业执行力是由美国学者借鉴行政管理概念植入企业管理体系提出的，20世纪末以来在世界企业管理领域广泛流行。学术界的一般共识是企业执行力属于管理学概念，指贯彻战略意图，完成预定目标的操作能力。企业界普遍把企业执行力理解为管理团队完成工作任务的能力、过程和结果。结合学术研究和企业实践，笔者认为企业执行力是中层管理团队实现岗位目标的行为，包括能力、方式和结果。

　　企业执行力从严格意义讲包括了企业全员行为及其结果，但关键行为及其结果的主体是中层管理团队。因为按照企业的制度安排，高层管理团队的主要职责是通过董事会、总经理办公会、专题会等，对生产经营重要事项做出决策，同时执行股东会决议，协调和督促中层管理团队组织实施。中层管理团队的主要职责是执行高层管理团队的决策，同时参与相关决策，更重要的是组织员工执行并完成工作任务。换句话讲，中层管理团队是企业执行力的责任主体，也是企业执行力的关键行为人和重要组织者。

　　企业执行力源于企业的制度设计。根据法律、法规和章程建立的企业法人治理结构，按照精简效能原则设置和配备内部管理部门和中层管理团队，赋予其相关职能和职责，表明企业执行力是企业基于经营和发展，对内部管理部门和中层职位的有效授权行为。如果没有授权、授权不明、授权不足或过度，中层管理团队不可能依法合规，正常充分履职，企业执行力将走向误区。

　　企业执行力既是团队行为，也是个人行为。企业管理是复杂的系统工程，企业执行力作为其中重要的子系统之一，具有明确的整体功能定位，即充分履行职责，合理分工，有效协作，共同完成企业统筹安排的工作任务。如果各自为政，各行其是，没有团队的齐心合作、密切协同，不可能有强大高效的企业执行力；如果主体缺失，责任不明，没有个人忠诚、智慧和奉献，不可能有专业化、可衡量、积极和创新的企业执行力。

企业执行力需要较高的素质、专业和丰富的经验。企业执行力作为中层管理团队的行为能力，首先需要较高的思想理念、道德品质、文化修养等综合素质，才能够正确理解企业执行力；其次需要较高的专业理论知识和较强的实践能力，才能够切实担负企业执行力；最后需要较丰富的行业经验积累，才能够有序、高效地推进企业执行力。因此，企业执行力从本质上要求是行为主体的综合能力。

企业执行力注重过程，追求结果。企业执行力是中层管理团队实现工作目标的行为轨迹，必然有过程，其过程的难易、曲直和长短，在很多方面影响结果。企业管理有个定律叫作过程决定结果，讲的是过程控制的关键作用，也表明企业执行力主体行为过程的重要性。但企业执行力的衡量标准是结果，没有结果和不好的结果，都是不能接受的企业执行力。

综上所述，企业执行力包含完成任务的意愿、完成任务的能力和完成任务的程度，是把战略、规划、决定转化成为效益、成果的关键。企业执行力对个人而言就是办事能力，对团队而言就是协同能力，对企业而言就是竞争能力。衡量企业执行力的标准，相对个人是按时按质按量完成自己的工作任务，相对企业是在预定的时间内完成企业的战略目标。企业执行力的本质就是高效率、高质量完成既定目标。

二、精心设计、科学构建企业执行力

（一）制定清晰的总体战略

企业必须根据行业发展的特点、规律和趋势，对其近、中、远期发展进行统筹谋划，也就是制定清晰的总体战略，主要包括方向、目标、路径、措施、考核、组织和管理等。总体战略是企业经营管理的方针和原则，如果总体战略缺失或不清晰，企业发展将缺乏稳定性和持续性，企业执行力的职能设置和团队配备将失去基础和保障，出现形式化和模糊化。因此，企业执行力构建首先要做出战略性、制度性相关安排，并通过战略管理使之当前化、经常化，使企业执行力具有基因、先发和认同优势。

（二）设置精简的组织架构

企业内部普遍采用职能直线并列式设置内部管理部门，力求精简高效，不交叉重叠，旨在打造精干专业的企业执行力。其中有三个重点需要认真把握：一是内部管理部门的职能安排要尽可能体现执行和专业特点，最大化满足其对内横向协作及纵向指导、服务、监督，对外行政许可、监管配合及商务交流等要求。二是内部管理部门合理配备负责人职数，过少则重不堪负，疲于应付；过多则苦乐不均，缺乏激情，同时坚持负责人之间应优势互补而不是职责制衡。三是对内部管理部门根据履职需要和可能授权，凡职能范围内的事项常态化充分授权；凡涉及企业战略性、制度性、权益性、政策性，以及重要人事、分配事项等，不予经常性授权，确实需要的可进行单项有限授权，避免宽严皆误，防止权力异化。

（三）编制流畅的操作流程

企业管理体系的重要组成部分是以"事"为中心建立的程序和节点机制，如ERP系统、OA系统等，企业执行力处于这个机制的中间环段，发挥承上启下作用。由于管理软件系统的发展和应用，企业管理流程化已经不是问题，但在事项发起、节点管控、横向协作、终端审批、期后督促等的流程编制不同程度地存在问题：一是流畅性不够，效率不高；二是协作不足，相关意见不充分；三是对系统依赖度较高，多方面对面直接深入讨论被弱化等。不管什么原因，这些问题对企业执行力的效率和质量都会影响，应从升级优化流程、强化事前基础、增加专项交流等方面逐步改善。

（四）设立明确的工作目标

企业内部管理部门及其负责人都有明确的工作目标，包括定量和定性目标、单一和复合目标、年度和阶段目标等，业务类内部管理部门目标比较具体，非业务类内部管理部门比较原则。设定工作目标不能太高而无法企及，也不要太低而坐享其成，使企业执行力在努力中争取，在希望中奋斗。明确的、通过努力可实现的工作目标，是激发企业执行力积极性和创造性的源泉，也是指引企业执行力不断提高的灯塔。

（五）强化多元的业绩考评

对企业执行力价值衡量的有效方法之一就是业绩考评，也就是

按照既定目标，用科学的定量和定性方法，对实际工作成效进行价值评估。业绩考评的方法有许多种类，应根据行业和企业特点进行选择，目的是鼓励先进，鞭策后进，用激励和约束机制促使企业执行力扬长避短，持续提高。对企业执行力的业绩考评一般容易出现重视主体、忽视协同的现象，而加强协同才能形成更加强劲的企业执行力，实践中有效的方法之一是把协同纳入考评指标，实行横向交叉的主体间互评。

（六）建立有效的督促机制

督促是增强企业执行力效率的有效手段。建立长效督促机制首先要有制度安排，一般做法是制定总经理办公会包括企业执行力相关事项在内的议事或行为规则，相关内部管理部门应设置督促职能和岗位，企业分管领导是督促的责任主体。督促机制不是简单追求进度，而是在关注事项的过程中发现问题，及时协调解决。督促机制还对企业执行力有信息反馈要求，包括请示汇报，以利于企业统筹安排，使企业执行力落到实处，收到实效。

（七）营造良好的认同文化

企业执行力蕴含着丰富的企业文化，其中之一就是认同文化，主要包括对总体战略的认同，即对企业理念、使命、方向、目标、发展规划等的赞成和支持；对规章制度的认同，即对企业管理规定及其执行的理解和遵守；对管理团队的认同，即对企业领导、同事和下属的尊重和信任。企业执行力认同文化的基础是可以不断成长的事业平台，关键是可共同分享价值的分配机制，保障是可以停泊心灵和情感的人文环境。

三、多措并举、持续提高企业执行力

持续提高企业执行力是一个永恒的课题，几乎所有企业都在不断地进行实践尝试，有成功的经验，也有失败的教训，很难判断对与错。企业界一般认为，企业执行力建设是适合或不适合的选择，教训可以吸取，经验不可复制，但持续提高企业执行力的基本做法已有普遍共识，主要如下：

第一，强化企业战略、制度、领导力和文化建设，为持续提高企业执行力提供坚实的基础和有力的保障。明确的战略是企业的发展蓝图和支撑力量，通过有效的战略管理，为企业执行力奠定了坚定的信心和事业的愿景；先进成熟的企业制度是企业有序高效、公开公允的行为规则，为企业执行力提供了公平的能力成长、价值分享和实现抱负的机会；卓越的企业领导力是智慧和品德的标杆，榜样的力量将激励企业执行力努力创造，不断进取；优秀的企业文化是企业价值观和行为观的统一，是强大的精神和人文力量，为企业执行力营造了努力工作、快乐生活的人文环境。

第二，持续提高企业执行力，要坚持在人身上下功夫，通过定期培训、广泛交流、外出学习考察等有效形式，以及反复沟通、各方协调、信息反馈等工作机制，提高综合素质，强化专业能力，增进理解和共识，化解疑难杂症，通过协同形成合力，运用考评落实责任，使企业执行力真正做到有目标导向，有品德保证，有能力支持，有团队协同，有机制协调，有责任担当。同时，强劲的企业执

行力还要充分体现制度的规范要求、高级管理人员的表率价值、中级管理人员的桥梁作用和员工的蜜蜂精神。

第三，持续提高企业执行力，还要根据实践中普遍存在的问题进行针对性分析解决。企业执行力容易出现的问题主要包括：心态，自以为是、推过揽功、寻找借口、不愿担责；观念，自命清高、牢骚满腹、不愿沟通、攀比不平；能力，不求上进、目标缺失、斥强纵弱；授权，不愿授权、授权不清；行为，兼容不够、缺乏协调、配合不力、各自为政、权力寻租。这些问题主要通过培训提高、帮助教育、交流促进、榜样引领、典型查处、制度防控等方式逐步化解。

参考文献：

1. （美）汉尼伯格著、石晓军译：《执行在中层》，机械工业出版社，2006年版。

2. 彭志强：《卓越执行：中国企业如何提升执行力》，机械工业出版社，2006年版。

资本市场创业板的基因密码

2009年11月12日

设立创业板，是中国深化经济体制改革的重要决策，是中国完善资本市场体系的重大举措，对中国经济发展将产生巨大而深远的影响。从全球看，创业板有成功的典范，也有失败的案例。创业板因其高成长性和高风险性并存而备受关注。随着创业板的设立，一系列相关理论和实践问题引发了众多争议。全面认识和深入研究创业板，对丰富理论和指导实践都具有重要意义。本次讲座旨在尽可能全面审视创业板的基础上，就相关热点、重点和难点问题阐述个人观点，仅供参考。

一、对创业板的认识

（一）创业板

创业板也称二板市场，又称第二股票交易市场，是在主板之外

专门设立为高成长性中小型企业提供融资途径和成长空间的证券交易市场。在创业板上市的企业通常设立时间不长，经营规模不大，近期业绩不突出，但创新性强，成长性高，以高新科技业务为主。发展创业板，可以为企业提供融资渠道，为企业提供规范化、可持续发展平台，为企业提供价值成长机会，为风险资本提供退出机制。创业板与主板的投资对象和风险承受能力不同，但具有内在联系，相互影响的程度在很大程度上取决于相关制度的先进性和完善性。

（二）创业板可分为三类模式

一是独立型：完全独立于主板之外，如美国的纳斯达克；二是附属型：旨在为主板培养上市公司，如新加坡的自动报价市场；三是新市场模式：如欧洲法国、荷兰、德国、比利时、瑞士新市场等5个股票市场组成，建立完全统一的泛欧洲高成长股市网络。全球创业板的发展可分为两个阶段：第一阶段从20世纪70年代到90年代中期，1971年美国设立第一个柜台交易证券自动报价系统即纳斯达克，到1991年纳斯达克形成全美市场；第二阶段从90年代中期开始，随着纳斯达克的迅速发展，1994年中国台湾，1995年英国，1996年法国、德国，1999年中国香港等地相继设立二板市场。到目前为止，全球共有40多个国家、地区曾经设立和正在运营创业板，但成功的案例并不多。

（三）创业板设立几经周折，历时10年

1999年1月——深交所向证监会呈送创业板立项报告；2000年5

月——国务院决定在深交所设立创业板；2009年3月——证监会发布《首次公开发行股票并在创业板上市管理办法》；2009年6月——深交所发布《深圳证券交易所创业板股票上市规则》；2009年8月——证监会首届创业板发行审核委员会成立；2009年9月17日——证监会召开创业板首次发审会；2009年10月23日——证监会举办创业板启动仪式；2009年10月30日——首批28家公司挂牌交易。

（四）创业板上市主要条件与主板的差别

1. 创业板上市的基本条件和要求

主体资格：依法设立持续经营3年以上的股份有限公司；盈利要求：近2年连续盈利净利润累计不少于1000万元，或近1年盈利净利润不少于500万元，近1年营业收入不少于5000万元，近2年营业收入增长率不低于30%；资产规模：近1期末净资产不少于2000万元。

股本要求：发行后总股本不少于3000万元；主营业务：主营业务突出；高级管理层：近2年内未发生重大变化；实际控制人：近2年内未发生变更；上市审批：无行政审批。

2. 主板上市的基本条件和要求

主体资格：依法设立且合法程序的股份有限公司；盈利能力：近3年连续盈利净利润累计不少于3000万元，近3年经营性现金量超过5000万元，或近3年营业收入累计超过30000万元，近1期末不存在弥补亏损；资产规模：近1期末无形资产占净资产的比例不高于20%（土地使用权、采矿权等除外）；股本要求：发行前总股本不少于3000万元；主营业务：近3年内未发生重大变化；高级管理层：近3

年内未发生重大变化；实际控制人：近3年内未发生变更；上市审批：省级人民政府、国家发改委。

（五）创业板市场的交易与监管

除上市首日交易风险控制制度外，创业板交易制度与主板保持一致。创业板监管框架将依托主板的监管体系，但监管思路上对信息披露、风险控制、募集资金使用等要求将更为严格。创业板市场的交易与监管部分制度已经出台，部分制度和相关细则正在研究制定，经审查后将陆续出台。随着创业板的发展，最终会形成借鉴国外成功经验，结合中国实际的较为完善的制度体系。

（六）创业板的退市制度

创业板退市规则比主板更为严格，概括起来有三个特点：

多元标准：除主板规定的退市标准外，创业板新增规定为会计师事务所对财务报告出具否定意见或无法表示意见在规定时间内未消除的；净资产为负数在规定时间内未消除的；连续120个交易日累计成交量低于100万股，在规定期限内未改善的。触发任何一项退市标准均可导致退市。

直接退市：创业板公司退市不同于主板必须进入代办股份转让系统，而是自行委托主板券商向中国证券业协会提出在代办股份转让系统进行股份转让的申请。

快速程序：创业板将针对未在法定期限内披露年报和中期报告，净资产为负，财务报告被出具否定意见或拒绝发表意见等三种情形，启动快速退市程序，避免该退不退，无意义长时间停牌。

（七）创业板市场主要风险

经营风险：创业板公司经营规模较小，受市场的影响较大，抗御市场风险的能力较弱。

技术风险：创业板公司自主创新能力较强，但或有失败，或被替代，甚至出现核心技术、核心人员流失现象。

行为风险：创业板公司的现代企业制度建设不尽完善，一股独大现象比较明显，重大决策或有风险。

估值风险：无论是一级市场还是二级市场，对新行业、新模式在估值定价上很难准确把握。

炒作风险：创业板公司股本小，价值判断差异大，股价容易被操纵。

制度风险：创业板的制度风险集中在退市制度上，一旦触发退市条件，即可直接退市。

（八）创业板与主板、中小板的比较

设立主板初衷是发挥资源市场化配置的功能，推动国有企业改革，为国有企业分忧解难；设立中小板的目的是为创业板积累经验，是创业板的一种过渡；设立创业板的目的是培育高新科技企业成长。

创业板主要借鉴纳斯达克模式，与主板、中小板在交易规则、监管制度等方面原则基本一致，但上市条件等方面有许多差别，最根本的差别是定价制度和退市制度。

主板（价值型投资）代表资本市场的主体，中小板（辅助型投

资）形成资本市场的补充，创业板（成长型投资）预示资本市场的方向和未来。

（九）从纳斯达克看全球创业板

1971年美国纳斯达克设立以来，先后培育出微软、英特尔、戴尔和思科等著名企业，上市企业最多时在1997年，有5556家；综合指数最高时在2000年3月10日，达到5048.62点；交易额最大时在1999年，达到10.07万亿美元；市值最高时在2000年3月，达到6.7万亿美元；年平均退市8%。

2003年至2007年间，纳斯达克退市公司达到1284家，超过了同期新上市公司的总数1238家；英国AIM的退市率约12%，每年超过200家；韩国科斯达克退市公司超过100家，占新上市公司数量的1/3。

据不完全统计，全球总共存续过47个创业板，先后有26个关闭、合并和重组，占比55.32%。

目前，全球创业板以美国的纳斯达克和欧洲的高成长股市网络经营得最好。在美国纳斯达克上市的公司超过3000家，总市值超过4万亿美元，其中，中国在纳斯达克上市的有42家，总市值近300亿美元；在欧洲的高成长股市网络交易的上市公司近2000家，总市值近500亿欧元。

二、对创业板的投资

（一）VC/PE、A股上市公司、散户积极投资创业板

我国首批28家创业板上市公司中，VC/PE参与投资达23家，占比82.14%，未参与投资仅5家，占比17.86%。其中外资、中外合资VC/PE参与投资的有5家。

我国首批28家创业板上市公司中，至少有16家A股上市公司参与投资，其中，在扩张期参与的达20家，成熟期参与的仅5家，占比超过50%股权的有5家。

网上申购第一批10家公司平均申购户数45.59万户，申购资金平均每户16.55万元；第二批9家公司平均申购户数26.98万户，申购资金平均每户17.46万元；第三批9家公司平均申购户数35.48万户，申购资金平均每户18.37万元。

网上申购第一批10家公司中签率0.78%，第二批9家公司中签率0.71%，第三批9家公司中签率0.92%。

（二）创业板发行申购募资情况

我国首批28家创业板上市公司平均发行静态市盈率56.7倍。其中，第一批10家公司平均静态市盈率55.25倍，第二批9家公司平均静态市盈率57.19倍，第三批9家公司平均静态市盈率57.51倍，鼎汉技术最高达82.22倍，上海佳豪最低为40.12倍。

申购资金总量达18709亿元。其中，第一批10家公司申购资金7841亿元，第二批9家公司申购资金4668亿元，第三批9家公司申购

资金6200亿元。

28家创业板上市公司计划募集资金67.61亿元，实际募集资金154.17亿元，超过计划募集资金86.56亿元，超比达128%。其中，第一批10家公司计划募资28.4亿元；实际募资66.76亿元；第二批9家公司计划募资18.21亿元，实际募资42.71亿元；第三批9家计划募资21.00亿元，实际募资45.30亿元。

（三）创业板公司的背景分析

我国首批28家创业板上市公司除少数系上市前改制设立外，大多数设立时间近10年，具有较长时间的经营存续期。

首批28家创业板上市公司属私营性质的达26家，占比92.86%，属国有性质的仅2家，占比7.14%。

首批28家创业板上市公司是在近200家公司中遴选出来的，有不少公司可以达到上主板的条件。首批28家创业板上市公司中，主营业务为零售、仓储、娱乐各占1家，其余均为具有一定科技含量的生产型和服务型企业。

首批28家创业板上市公司上市前均具有较好的连续经营业绩，2008年销售收入合计70.1084亿元，实现利润合计12.5335亿元。

首批28家创业板上市公司共募集资金154.17亿元，总发行量为6.1164亿股，平均每股实现融资25.21元。

（四）创业板股价的确定

创业板股价的确定是一个很复杂的问题，投资者最关心的是一级市场定价和二级市场定价。对一级市场定价，当前的相关制度的原则是"市场估值、协商定价"。实践中,承办券商通常采用参照中小板同行业市盈率高限,与发行人和战略投资者协商确定。

对二级市场定价,投资机构通常采用相关估值方法推算,提出价格区间预测,由投资人自由选择。实践中,二级市场价格走势往往被投资者青睐程度扭曲。

股价估值方法有很多,如P/E(价格与每股收益比值)、P/B(平均市净率)、DCF(现金流折现)、NPV(净现金值)、PEG(市盈率与盈利增长速度比值)等,业内人士普遍认为,由于创业板持续盈利的不确定性,PEG估值方法考虑预期业绩增长因素,相对而言更适合创业板。

(五)开盘以来交易情况

创业板开盘日(2009年10月30日)交易大幅上涨,较发行价平均上涨106.23%,整日换手率达88.88%,成交金额达219.08亿元,涨幅最高为金亚科技206.73%,最低为南风股份75.84%。28只股票全部紧急停牌,其中20只股票2次停牌,1只股票金亚科技3次停牌。总市值1399.97亿元,流通市值250.69亿元,平均市盈率111.03倍。(主板平均市盈率37.80倍,中小板平均市盈率41.65倍)

机构投资者累计买入1142.95万股,占比仅2.63%,其中,证券投资基金、社保基金、保险等并未参与买入;券商自营和理财合计买入115.25万股,QFII合计买入0.52万股;其他一般法人合计买入1027.18万股,占比97.37%。新增社会公众股东525000名。被套1.63亿股,被套资金97.07亿元。截至11月12日收盘时,创业板流通市值218.2亿元,比开盘日收盘时下跌12.9%,平均市盈率95.7倍,

下跌13.8%。

（六）创业板高价发行的主要原因

创业板上市前，大量机构特别是VC、PE等在成立期、成长期、成熟期不同阶段，以不同成本参与了首批28家创业板上市公司中的23家投资，投资的目的是通过创业板上市获取超额回报，利益驱动其支持高发行价。

由于创业板定价原则是"市场估值、协商定价"，机构投资者利用规则提高发行价。通过发行结果可以发现，第一批基金配售数量不高，最多的神州泰岳为64只，第二、第三批基金配售数量直线上涨，第二批最多的是爱尔眼科达177只，第三批最多的是华谊兄弟高达190只。

利用网上、网下申购哄抬发行价，形成了4大主力资金，强力推动。一是社保基金大举申购，仅首批累计申购资金达70.8亿元；二是QFII悄然行动，如富通银行、斯坦福大学等QFII投资账户参与了汉威电子、乐普医疗的有效申购；三是券商自营成主力，如参与首批打新的自营账户占比超过15%；四是产业资本踊跃参与，如宝钢集团等许多企业财务公司先后有效参与申购。据不完全统计，网上、网下机构申购资金占比超过70%。

（七）创业板的投资选择

一级市场的投资即股权投资。选择有成长价值的公司，分别在成立期、成长期、成熟期不同阶段以不同的价格进入，进入期越早，价格越低，风险越高；进入期越晚，价格越高，风险越低。一级市场的投资者多数是VC、PE等机构，自然人投资者为数甚少。此类投资最难的是投资对象的选择，最关键的是确定投资对象能够上市发行。据不完全统计，此类投资以投资对象成功上市发行计算，一般情况不超过20%。

二级市场的投资即股票投资。买什么股票是关键，应从法规政策、行业趋势、企业优势、经营管理、发展前景、股东结构、股票价位、市场趋势等多种因素综合分析，在一定期限跟踪观察的基础上理性选择。什么时候卖股票是核心，应在短期、中期、长期持有基础上考虑，观察主力资金动向，选择出售时间和数量。特别要注意投资对象的常态变化，避免退市风险。

一般来讲，成熟市场和成熟公司适合中长期投资。此外，可考虑短期投资。创业板投资风险很高，机构应是主要角色。

（八）创业板交易趋势分析

目前创业板首批上市交易的公司仅28家，交易首日炒新十分活跃，为设立资本市场以来之罕见。此现象并不代表创业板交易的总体发展趋势。

创业板交易的成熟，除了相关制度完善和投资者的成熟外，很重要的条件有三个方面：一是应有相当上市公司数量规模，至少应不低于1500家上市公司，且应在创业板有5年的存续期；二是应有较为科学、比较公允的价值判断体系；三是避免行情大起大落。

创业板的交易趋势可能经历初始期、回落期、调整期和成熟期四个阶段，每个阶段的周期长短是由多种因素综合决定的。

创业板最终走向纳斯达克、欧洲新市场的成功之路，还是步入

我国香港、韩国创业板的衰冷之后尘，将主要取决于三大因素：一是相关制度的先进性和完善性；二是市场监管的经常性和有效性；三是上市公司的质量。

三、对创业板的思考

（一）创业板的重大作用

一般认为，已有主板、中小板，将其做大做好，资本市场功能足以发挥，再设创业板意义作用不大。

中国证监会主席尚福林在2009年中小板与中小企业投融资论坛的演讲中，从总体层面上将设立创业板的重大作用归纳为四个方面：一是有助于加快经济发展方式的转变；二是有助于自主创新型国家战略的有效落实；三是有助于新兴产业和创新企业的成长；四是有助于培育和完善市场化的运作机制。

从局部意义上讲，设立创业板的作用还可以体现在以下六个方面：一是可以促进中小企业的政策支持体系建设；二是可以促进中小企业的科技创新、金融支持体系建设；三是可以促进中小企业的自主创新；四是可以促进创业板—创业投资—创业企业—创业者四位一体良性互动格局的形成；五是可以促进区域优势企业和产业的发展；六是可以培育和造就一大批优秀的创业者或企业家。

（二）创业板的财富效应

以2009年10月30日上市首日收盘价（市值）计算，首批28家创业板上市公司中有123名自然人股东个人财富超过1亿元，其中有14名自然人股东个人财富超过10亿元。

对创业板公司股东于上市后所持股票通过市场减持已有相关规定，如第一大股东3年内不能减持，3年后可以分期分批减持，其余股东1年内不能减持，1年后可以分期分批减持，所有股东减持超过一定比例须及时公告。同时，不同的公司在上市前对股东减持也有不同的约定。

创业板公司通过上市发行激发了财富效应，客观分析创业者短期内财富剧增现象主要有三个因素：一是创业过程的储蓄；二是相关制度的安排；三是溢价发行的机遇。

社会需要财富，财富创造者应该受到社会尊重。财富最终是社会的，财富拥有者最终是财富的管理者。关键的问题：财富拥有者应该具备高尚的品德和人格，真正做到以智聚财，以德散财。

（三）创业板的制度建设

相关制度的科学性和完善性，特别是发行制度、交易制度、监管制度、信息披露制度和保护投资人制度等，是创业板做大做强、可持续发展的根本。

创业板的制度建设与政治制度、法律制度、经济制度、行政制度和社会制度有关，立足于法律，立足于市场，借鉴成功经验，突出中国特色，逐步完善规范，应该是创业板制度建设的总体思路。

市场监管制度建设是创业板制度建设的重点和难点。全球资本市场的实践表明，市场监管决定资本市场的成败。一方面要防止监管不力，导致市场不规范行为泛滥；另一方面要防止监管过度，使

市场缺乏生机和活力。

要提高制度制定的公开化、民主化程度，广泛征集多方意见，认真吸纳有益建议，尽可能使创业板制度具有科学性、完善性和可操作性。

（四）创业板的公司建设

致力提高创业板上市公司质量，是创业板健康、可持续发展的关键。创业板的上市公司建设应以提高上市公司质量为核心。

提高上市公司质量重点为四个方面：

（1）诚信建设是创业板上市公司生存和发展的基础，并在所有行为方面表现，因此，公司内部应建立健全经常性诚信培养、评价和管理的机制及体系，确保公司诚实守信、勤勉尽责。

（2）规范建设是创业板上市公司生存和发展的保障，规范建设的重点是建立和完善现代法人制的结构和各项规章制度，使企业的经营管理切实做到依法合规。

（3）可持续盈利能力建设是创业板上市公司生存和发展的核心，要坚持做大做强主营业务，不断提高核心竞争力，确保经营业绩持续增长。

（4）管理团队素质建设是创业板上市公司生存和发展的关键，要使全员特别是管理团队品德、能力、责任、敬业等多方面不断强化，使之成为杰出的管理团队。

（五）创业板公司的运作

创业板上市公司的运作应包含以下内容：

（1）确立公司核心业务，突出科技含量和创新能力。

（2）健全公司法人治理结构，完善现代企业制度。

（3）适时引进战略投资者。

（4）具备一定的经营业绩。

（5）选择中介机构，包括券商、会计师事务所、律师事务所等，尽量降低上市费用。

（6）选择最佳上市时机，主要是提高发行市盈率。

（7）合规使用募集资金，强化主营业务竞争优势。

（8）讲诚信、负责任、规范化经营、可持续发展、建立良好的投资者关系，树立良好的公众形象。

（9）利用相关规则，开展资本运作，包括收购、置换、增发等，做大做强主营业务。

（10）在不影响控制力的前提下，择机增减股票，分享资本经营成果。

（六）创业板的发展前景

创业板是资本市场的新生事物，必然经历复杂、曲折的成长过程，最终会有广阔的发展前景，主要基于以下因素：

中国经历了30年改革开放、20年资本市场的实践，吸取的教训、积累的经验和沉淀的智慧，使其已经具备成功驾驭创业板的能力。

创业板借鉴了国外成功的经验，吸取了国外失败的教训，突出了中国的特色，为创业板的发展奠定了坚实的基础。

中国中小企业数量巨大，增长迅速，为创业板的发展提供了良

好的发展空间。中国中小企业协会会长李子彬透露，目前，中国在册中小企业970万户，占比全国GDP60%，税收50%，各项发明专利60%，就业80%。随着创业板的发展，现有进入条件还会降低，且由市场决定，有理由相信，一大批中小企业将通过创业板平台成长壮大。

创业板以法律和市场为基点设立，弱化了行政干预的因素，随着市场经济的不断发展和完善，创业板发展由市场决定，其强劲的生命力将逐步显现。

创业板诞生30多年来，成败并存，褒贬不一，但并未改变强化资本市场发展的总体趋势，在很大程度上是因为资本市场是商品经济的必然产物。

创业板的价值在于以创新型、成长型企业为主要服务对象，尽可能发挥市场的配置、培育、优选和淘汰功能，使创新经济与资本有效结合，加快经济社会发展。

像对待所有新生事物一样，应该客观地、理性地看待创业板，不因为有问题莫衷一是，也不因为有失败轻言放弃。人类社会是通过探索和创新进步的，对创业板的成功，应该充满期待。

（本文数据均源自深圳证券交易所和中国证券登记结算有限公司公开信息，由王思皓整理）

后 记

经历与感悟

——企业经营管理的职业生涯

谨以此文感恩四川宏达集团，四川大学，我的老师，我的同事和朋友，我的父母、妻子和兄弟姐妹。

一、时代机遇的宝贵经历

1986年，我担任县级经济体制改革委员会主任，与县属国有企业和乡镇企业有不少接触，虽然系统学习过工业经济管理，但没有实践经验，对企业经营管理尚停留在一些原理和概念上。1988年，我担任县级对外经济贸易委员会主任，

虽然管理了两家直属外贸公司，但根据当时形势要求主要工作精力放在吸引外资和出口创汇方面，对直属外贸公司的经营管理仅局限于行政领导，也就是听取工作汇报，过问一下人事、财务，参加一些业务应酬。在这期间，我作为股东代表担任经济特区一家国企控股的A股主板上市公司董事，仅在股东大会和董事会上履行股东权利、义务及董事职责，对上市公司法人治理和经营管理只是一些碎片化的感性认识。

1991年，我工作调动到经济特区，担任省属公司总经理，从公司筹备到注册完毕，我都亲力亲为。这家公司主营业务为大宗商品的一般贸易，有进出口和边境贸易资质，也有经济特区的政策优惠和便利，用人和分配机制的市场化程度很高。为了使这家公司快速发展和提高自身经营管理能力，我直接参与了主要业务的决策和管理，包括谈判、成交确认、开收信用证、发货、商检、物流、通关、收付外汇等，同时学习借鉴了代理、买断、易货、押汇等业务模式，将业务范围扩大至食品、建材、轻纺、农副产品、汽车等，客户遍及内地、港台以及东南亚、欧美等国家和地区，年进出口额1000多万美元。从企业经营管理角度讲，这段5年多时间的经历，是我真正意义上经营管理企业的开始，其中有迷茫、焦虑，失败、成功，但更多是无悔的选择和坚定的信念。

1996年，因家庭原因，我工作调动回内地，担任市级对外经济贸易委员会副主任，分管外经外贸，兼任市国际经济技术合作公司董事长，主要从事对外工程承包、劳务输出和技术引进。当时国际国内对外贸易形势发生了重大变化，县、市属外贸公司传统的外贸产品、模式和体制失去了国际市场竞争力，普遍出现经营困难，各种矛盾比较突出，时值《破产法》试行期，根据相关安排，我所在的市级对外经济贸易委员会12家直属专业外贸公司和加工企业，总资产约5亿元，员工约3000人，全部依法实施破产。经过相关法律程序，处置好职工安置和债权债务清算重点和难点后，破产实施完毕。对外经贸行业而言，政策性和垄断性较强的市属国有外经贸企业整体一次性主动破产，视为先河，被中央电视台焦点访谈栏目关注。我作为当事负责人之一，参与了实施破产全过程，虽然事去人非，但留下许多对企业经营管理的思考。

1998年，市属一家国企控股的A股主板上市公司因故被证监会立案调查，我临危受命担任总裁兼党委书记和技术中心主任，主要任务是配合调查和处置立案事项，实现扭亏为赢，促进上市公司正常持续发展。在地方党委、政府支持下，经过多方努力，立案事项以偿还上市公司权益并处罚金告终，通过资产出售，调整产品结构、优化组织结构、清偿应收账款、改变营销模式等，实现了上市公司次年度盈利。由于这家上市公司主导产品单一，市场竞争激烈，体制

障碍较大，持续盈利能力面临挑战，根据相关安排实施并购重组，引入优势战略投资者控股，开发新产品，提高盈利能力，我随之辞去总裁职务，继续担任党委书记和技术中心主任。此后，由于并购重组后的效果未达到预定目标，根据相关安排，再次引入优势战略投资者控股，其间因股权结构分散等多种原因发生了控股权之争，引起资本市场和中央电视台经济观察栏目关注。控股权之争平息及二次并购重组完成后，我已心生去意，经过慎重考虑，辞去了这家上市公司的党委书记和技术中心主任职务，以及公务员身份，走向社会，走向市场。这段经历，使我对资本市场、上市公司、法人治理、合规经营、市场竞争、并购重组、信息披露、行业监管等，有了比较深刻的认识和体会，对我以后的企业经营管理职业生涯影响深远。

2001年，我进入一家民营集团化企业，先后担任A股主板上市公司副总经理、总经理兼技术中心主任，董事长兼党委书记，集团公司总裁兼党委副书记、集团董事局副主席至今。期间，我先后分管销售、技术研发、贸易、地产、投资、法务、证券事务等；先后主持上市公司日常生产经营和董事会日常工作，以及集团公司日常管理工作；协助制定集团公司总体发展战略，建立健全法人治理结构、管理制度及议事规则、信息化办公系统、薪酬体系及绩效考核办法，构建职业管理团队，加强企业文化建设等；参与磷化工产业、天然气化工产业、铅锌资源加工一体化产业、房地产业、旅游产业等项目并购重组，煤炭、钒钛、铜钼、铜金等矿产资源整合，期货、信托、证券公司等收购；上市公司实现了3次资本市场融资，募集资金近60亿元。在此期间，我完成了法国巴黎商学院（HEC）高级工商管理硕士学业，丰富了国际化、系统性的工商企业管理知识。到2017年，这家民营集团化企业的主营业务已涵盖工业、矿业、地产、贸易、金融和投资，管理资产规模约5000亿元，成员企业近40家，员工超过2万人，2006年起至今列入中国500强企业。过去的18年岁月，是我全部职业生涯中最重要、最有意义的时光，这个民营集团化企业的成长壮大，为我广泛实践、深刻体会什么是企业经营管理，怎样管理经营企业提供了宝贵机会，也使我的人生观、价值观和行为观发生了根本性改变。这段丰富的人生阅历，已成为我此生弥足珍贵的财富。

从1991年到2018年，我从事企业经营管理27年，分别在国有企业、民营企业、上市公司、集团公司担任主要高管，有许多机会参观学习国际国内优秀企业，应邀出席相关高峰会议和论坛，考察洽谈各类投资项目，调查研究成员企业，与政府部门、监管机构、新闻媒体、中介服务、金融单位、科研院校、同事下属、合作伙伴等进行广泛交流，特别是因工作需要，经常与重要股东、实际控制人、高管团队等沟通和讨论宏观经济、政策法规、行业动态、发展战略、生产经

营、对外投资、人事安排等重大事项。这些安排一方面属职责范围的工作内容，有利于熟悉情况，把握动态，统一认识，增进理解，防控风险，减少失误，提高经营管理效率；另一方面对我更新知识，开阔视野，增强行业经验积累及经营管理定力，创造了重要条件。27年的企业经营管理职业生涯，我学习了很多，经历了很多，收获了很多。

二、企业管理的深切感悟

1. 关于企业战略

企业战略包括企业发展的方向、目标、定位、路径及要素配置等，是企业基于市场竞争的中长期安排。大型企业一般都制定有比较清晰的5～10年甚至20年发展战略，并列入经常性项下重要管理事项，打造企业的战略优势和支撑力；中小型企业的战略通常表现为发展的期间规划，完整性和清晰度不够，很难形成战略竞争优势。企业界流行一种说法，大型企业经营战略，竞争未来，战略制胜；中小企业经营产品，决战当下，营销制胜，虽然不代表本质，却有几分道理。在企业经营管理实践中，跨国公司战略建设和管理到位程度较高，其他企业因理念、性质、体制等原因，普遍不同程度地存在战略管理缺失，多数停留在决策层，没有全面渗透经营管理体系，导致战略支撑力不足而对潜在和未来利益的竞争具有不确定性。没有战略就没有方向和未来，企业要持续发展，立足当前，决胜未来，必须强化战略建设和管理，构筑强大的战略竞争优势，特别是中小企业应坚持专业化、差异化战略，强化制度、机制、成本、效率等比较竞争力。

2. 关于企业制度

企业经营管理必须聚集生产力和生产关系要素，这些人、才、物、产、供、销等要素流动应该有秩序和规则，制度就是"游戏规则"，没有规矩，不成方圆。企业制度一方面是出于法律法规要求被动设立的，另一方面是基于经营管理需要主动安排的，总的原则是完善、公平、公开、效率和可操作。企业制度建设容易出现的倾向：一是大企业制度太多、太复杂，成本高、效率低，操作性差；二是中小企业制度缺失，不完善、无章可循或有章不循。这些现象或形成制度障碍，导致制度风险。企业制度建设应以促进健康持续发展为目标，从行为准则、治理基础、体制保障出发，科学设立，重在执行，贵在坚持，强在监督。美国曾经是英国殖民地，历经了独立战争、两次世界大战，作为世界最大的移民国家建国才240多年，半个世纪以来一直是当今世界科技、教育、经济、军事等超级大国，根本原因是美国的各项制度完善。美国现象给企业管理的启示是，从某种意义讲，企业制

度是企业重要的优势竞争力，影响到企业的要素聚集及生存发展，企业的优秀从根本上表现为制度完善和先进。

3. 关于企业人才

企业经营管理在长期实践基础上已经形成一个普遍共识，经营企业就是经营人才，管理企业就是管理人才，企业竞争就是人才的竞争。优秀人才一般指具有扎实专业知识和丰富行业经验的技术、管理骨干或核心人员，基本标准可归纳为品德、能力和兼容，通常是从内部培养和外部引进，企业管理应精于育人之术、用人之道，才能贤能毕至，精英荟萃。企业对管理团队而言，首先是前景广阔的事业平台，可以充分施展才华，追逐理想；其次是创造财富的平台，可以共同创造价值，共同分享价值；再次是能力成长的平台，可以增长专业知识，积累行业经验；最后是心灵归宿的平台，可以获得情感认同，做到忠诚奉献。从实践意义讲，企业在管理团队建设上更多的是坚持德才兼备识人，提供机会育人，唯才是举用人，事业、待遇和情感留人。人才战略是企业总体战略的核心，取决于实际控制人的价值观和企业的制度安排，决定企业的生存和发展。

4. 关于企业监督

企业行为实质是全部股东和全体人员创造社会价值的行为，也是被授予权利、义务、责任和享有利益的行为，由国家法律和企业制度安排并规范。企业行为的主体既有客观要求，也有主观意志，因此监督十分重要，没有监督的企业行为一定会异化，监督的目的是防止犯错，及时纠错，降低风险。监督的基本要求是制度安排，机制保障，以上率下，一视同仁，奖罚分明，警钟长鸣，不能用情感代替制度，用信任代替监督。企业监督的重点是领导力和执行力的不作为和乱作为，坚持道德至上，防范为主，查处为常，法律兜底，形成全覆盖、全流程监督体系。企业经营管理实践表明，企业风险事项特别是重大风险事项的发生，与监督缺失或监督不力密切相关。企业行为最大的风险是管理团队的道德风险，也是最难防控的风险，有效措施是加强经常性职业道德教育，强化法规意识；同时完善约束和制衡机制，让权力在管理流程中和监督范围内运行。

5. 关于企业分配

分配制度是企业最重要的制度之一，涉及全员利益，关系企业发展。企业分配制度基本要求是符合区域、行业、产业和企业特点，相关法规要求及公平公正原则，普遍实行的是基薪加绩效的内部分配模式。成熟的内部分配模式可分为三个层次，一是员工层，以基薪为主，绩效为辅，重点是持续稳定增长；二是中级管理层，基薪与绩效相当，关键是即期绩效提高；三是高级管理层，基薪为辅，绩效为主，

核心是中长期收益。不少企业（非上市公司）探索的管理团队以及全员持股模式，成功的案例不多，主要原因是管理团队和全员持股，必须解决好许多问题，主要包括：如果管理团队采取收购老股东股权、增资扩股、老股东赠予等方式持股，均涉及股权对价、资金来源、资本税负、持股比例、权力行使、对外转让、他项权利等事项，且很难用协议安排完全确定，长期不变，或带来管理团队持股目的的不确定性；如果全员持股，除面临管理团队持股的问题外，还有持股主体的依法合规及可持续问题等。其实，管理团队及全员持股的目的除了股权价值效应外，还包括了稳定性、忠诚度、责任感、积极性和创造性，但这些并非股权激励能够更好地解决。因为员工的薪酬是主要生活来源，关注点在稳定持续增长；中级管理层的薪酬是生活质量保证，当期敏感度很高；高级管理层薪酬更多是价值追求和财富积累。因此，可尝试其他办法，如企业年度可分配利润按一定比例对管理团队及全员实施分红，把当期和中长期激励结合起来，既可实现股权激励的目的，也可避免全员持股的或有弊端。

6. 关于企业并购

企业为了优化资产、产业、产品等结构，增强技术、产能、市场、盈利等优势，快捷有效的方式之一是实施资产并购，在资产证券化和行业及市场调整的背景下，市场化的资产并购对大型优势企业是战略机遇更多，对中小型企业是挑战与机遇并存。企业并购，首先要基于发展战略的要求，其次要利于强化主业，最后要精心选择标的、交易架构、交割方式及管理模式等。企业并购成功的经验和失败的教训都表明，交易架构决定成败，其中充分尽职调查是基础，公平估值是重点，对价方式是关键，没有障碍和不可更改的交割安排是保障。实践表明，股权置换、相互持股、收购股权、增资扩股等对价方式没有对错，只是适合与不适合，核心问题是要有利于充分持续展现并购标的价值。为此，充分发挥商业智慧，选择增资扩股方式或定向增发股票方式，获得实际控制权，尽可能剥离非生产性和无效资产，最大化减少非土地无形资产的价值占比，千方百计排除或有税务、劳资、安全、环境等隐患，采用有效包括兜底等措施防控隐形、或有、未记录等风险，应该是企业一般资产并购的优先方式。

7. 关于企业上市

具备相关条件的行业优势企业公开发行上市，实现资产证券化，提高财富效应，对于建设现代企业制度，优化财务结构，拓展融资渠道和方式，强化对外扩力、市场竞争力和要素吸引力，加大抵御风险能力，促进做强做优持续稳定发展，具有重大意义和深远影响。企业上市是法规性、行政性和商业性很强的系统行为，能否成功上市关键是主业的

先进性、条件的符合性、发行方案的可行性和吸引力，这需要股东的判断选择和企业的全面配合，也需要中介机构的专业和智慧，还需要管理部门的理解和支持。更重要的是，企业上市不是募集资金的一时之举，而是关系企业发展的长效之策，上市后企业总体战略的优化、法人治理结构的调整、各项规章制度的完善、募集资金的使用、募投项目的建设、经营业绩的表现、信息披露的安排、对监管部门的配合等，将成为经常性的重大事项。实践表明，上市公司健康持续发展，取决于实际控制人和核心管理团队的意识、智慧、使命和责任，关键要抓好依法合规、信息披露、经营业绩三个方面，上市公司出现问题也集中表现在这三个方面。上市公司是行业的优秀代表，是资本市场的重要基础，是社会资本投资的市场化平台，是助推区域经济社会发展的积极力量，因此，上市公司应该成为行业使命和社会责任的垂范。

8. 关于企业文化

20世纪末以来，为了提高社会形象和市场竞争，企业争相开启加强企业文化建设。一些企业把文化植入产品中，旨在提高产品价值，这不是严格意义上的企业文化。作为价值观和行为观，企业文化的作用主要是对人思想观念、道德品质、人文环境等的影响，表现为企业的凝聚力、向心力、使命感、责任感、积极性、创造性等。企业文化有区域、行业、产业和企业特色，与社会文化交织，但很大程度受股东和实际控制人影响。企业文化的魅力在于内化于心，外化于行，立德树人，形成推动企业发展的强劲精神动力。建设企业文化，一是要有制度安排和工作部署；二是管理团队高度重视、强力推动，股东特别是实际控制人支持；三是多渠道、多形式渗透到每个方面、每个环节、每个人；四是要坚持不懈，善于学习借鉴，勤于总结积累。丰富深厚的文化积淀，是企业的宝贵精神财富，是企业克服困难的强大软实力，是企业最终的战略竞争力。

9. 关于职业经理

职业经理系有专业知识、有行业经验的高中级管理者，与企业是聘用关系，其权、责、利由相关法规和企业制度安排，企业经营管理水平由职业经理的责任和智慧决定。企业优秀的职业经理主要由内部培养和外部引进，前者受时间过程和选择范围限制，后者受条件要求和双向判断影响，职业经理与企业的关系，最终由企业发展前景、个人成长机会、薪酬待遇、文化认同和情感归宿等因素决定。国有企业和民营企业的职业经理最大的差别是行政化和市场化，具体表现在用人和分配两个方面。作为民营企业的高级职业经理特别是总裁或总经理，基本的要求有以下五个方面：一是善于学习，勤于思考，坚持调查研究，集思广益，把所有经营管理

重要事项列入充分认知、深思熟虑范围，避免盲目和错误决策；二是未雨绸缪，统筹协调，把未来要办的事谋划好，把过去遗留的问题和正在办理的事处理协调好；三是不断调整工作方法，努力完善行为风格，坚持严肃认真，提倡愉快活泼，讲求高效务实，注重张弛有度；四是坚守法律和道德底线，牢记使命和责任，坚持做人做事原则，杜绝权力寻租、徇私舞弊、贪赃枉法；五是树立良好公众形象，真诚公平地关心、支持和爱戴团队，不辱使命，不负职责，赢得股东信任、团队尊重和社会认同。团队的优秀取决于高级职业经理的责任，企业的成功取决于实际控制人的人格。

三、职业生涯的人生思考

1. 做一个有意义的人

人不管从哪里来，到底哪里去，经历了什么，大多如流星稍纵即逝，个别似恒星千秋闪烁，对个人的价值是过程，对社会的意义是结果。人类社会的出现，使人的社会属性比生物属性更重要，因此，做一个有意义的人，是人的社会属性使然。在现实生活中，不管从事什么职业，不论选择什么方式生活，都会对社会产生不同程度和方式的影响。从社会发展和文明进步视角看，做一个有意义的人的价值在于平凡，因为平凡是人生事业的经历，充满了创造和贡献，平凡是辽阔肥沃的土壤，孕育了真理和伟大，只有平凡的人生才是真正的人生。我选择职业经理人的职业，也就选择了辛勤的工作，选择了为社会创造财富。27年的职业生涯，我付出了智慧和责任，也收获事业成就和家庭幸福。努力工作、敬老爱幼、善待亲朋、读书、旅游、做个军事和动物发烧友，这就是我的人生意义。

2. 做一个有知识的人

知识是人类的认识成果，是社会进步的力量，是智慧的结晶，是高尚的灵魂。从发明文字开始至今，人类文明已经积淀了大约7000年，丰富的知识是人类社会的宝贵财富。在现代社会，人的知识大部分来自书本，少部分出于实践，因此，良好的系统的基础教育和前沿的专业的继续教育非常重要，一个民族和一个人的综合素质，根本意义上取决于受教育的程度。系统的专业的知识水平，决定人认识事物的广度、深度和高度，也决定人思维的系统性、连续性和逻辑性。受教育的方式很多，在校学习、自己阅读、参观考察、各种交流等，不管什么方式，坚持广征博纳，谦诚于益，独立思考，推敲于人，学以致用。我作为职业经理人，置身于经营管理和市场竞争前沿，系统的基础知识和更新的专业知识意味着商业智慧和定力，我坚持把学习作为生活的重要内容之一，受益匪浅，尽管学海无涯，业无止境，认知有限，

但知识像灯塔一样指引我人生的航向。

3. 做一个有责任的人

人类文明在总结人类活动规律的基础上，对人的行为提出了许多要求，其中之一是责任。现代人类社会的责任主要表现为观念、品德、能力、担当、托付等，由法律强制、道德要求、制度安排和约定俗成，责任有的是任务，有的是义务，覆盖人的所有行为领域，涉及法律、道德、经济、社会等诸多后果。责任由人的价值观、行为观、主观条件和客观环境决定，承担责任的过程和结果差异明显。对职业经理人而言，责任首先是使命，努力工作，完成职能范围的目标任务；其次是能力，通过学习和实践，具备承担使命的知识和经验；再次是担当，能够和愿意承担职能范围的相关法律、经济和社会后果；最后是情怀与信用，包括优秀的人文品质、高尚的思想境界、值得信任的行为保障。职业经理人对企业的最大价值在于坚持责任至上，责任大于权力和利益，积极认真履行责任，自觉切实担当责任。职业经理人的人生不仅是工作，在学习、生活等方面的责任还应该表现为积极上进、坚持学习、严谨治学、热爱生活、快乐生活、知足常乐的精神和态度，我奉行责任就是信任和价值，且为之不懈努力。

4. 做一个有情怀的人

情怀是一种感情，摸不到看不见，但能触及心灵；情怀是一种情趣，用雅致熏陶人性，精神得到充实；情怀是一种胸襟，心境任凭天高海阔，伫立于风轻云淡；情怀是一种品质，流淌真情挚爱，充满人性温度；情怀是一种精神，不以功利得失论成败，困难时坚强，关键时冷静。司马迁的矢志情怀、文天祥的家国情怀、白居易的悲悯情怀、余光中的故土情怀等，无不令人肃然起敬。说情怀易，有情怀难，作为职业经理人征战商场，风云变幻，每天都忙于克服困难，解决问题，劳累、烦躁和焦虑等，这些不仅扰乱心绪，还会影响判断，哪有闲情逸趣讲情怀。人类文明以博大的胸怀包容了万事万物，情怀是被传承的人文价值。我阅世六十三载，经历了许多人和事，年轮镌刻的体验告诉我，情怀是一种心态，有什么样的心态就有什么样的命运，有什么样的情怀就有什么样的人生。

杨骞

2018年3月19日

聆听智慧的声音
——《商业智慧的声音》编后记

　　企业是创造财富的法人事业，是承担使命、责任和风险的经济组织，也是国家和地区经济发展不可或缺的重要平台。企业管理的能力源自制度的完善和先进，取决于团队的智慧和品德。《商业智慧的声音》为我们解答了企业经营管理方面的困惑，从理论与实践相结合的视角，剖析经济现象和发展趋势，发掘企业管理的新认识和新方法，既全面展示了杨骞在商业职场三十余年的积淀，也充分展现了作为大型民营企业集团操盘手所具备的能力与素养，更处处彰显他的商业智慧和管理创新。

　　《商业智慧的声音》是杨骞近十年来在四川大学担任客座教授期间，为川大学子开设的公开讲座而整理成册的心血之作、智慧原声。该书从内容到形式上都属首次出现。不论是企业重大危机管控、集团企业的风控和盈利模式，抑或是职业经理人的成长和价值，杨骞从全新的视角向读者娓娓道来，深刻而透彻地讲解了他在产业经营和资本经营上的管理思想。尤其在解析"万宝之争"经典案例时，杨骞以前瞻的眼光洞察行业的发展，见解新颖而独到。

　　该书以讲座的形式呈现作者的观点、态度，每一篇都凝聚了作者的智慧与心血，每一篇都透露出作者的学术精神与实践感悟，每一篇都能感受到作者的使命感和责任感，旨在指导商学院的学子潜心学习，探索知识。

　　杨骞在《商业智慧的声音》中展现了企业家精神和工匠精神，融合了学习感悟和实践体会，体现了理论探索与经验总结，吸取了国际优秀商学院先进的教学方式，为商学院的教学提供有益的经验，同时对企业和学界的实践和研究具有积极的借鉴意义。